Los olmecas de San Isidro en Malpaso, Chiapas

COLECCIÓN CIENTÍFICA

Los olmecas
de San Isidro
en Malpaso, Chiapas

Gareth W. Lowe

Víctor Esponda Jimeno
Editor

SERIE ARQUEOLOGÍA
INSTITUTO NACIONAL DE ANTROPOLOGÍA E HISTORIA
CENTRO DE INVESTIGACIONES HUMANÍSTICAS DE MESOAMÉRICA
Y EL ESTADO DE CHIAPAS-UNAM

Primera edición: 1998

*Coedición: Instituto Nacional de Antropología e Historia/
Centro de Investigaciones Humanísticas de Mesoamérica y el Estado
de Chiapas-UNAM*

**D.R. © Consejo Nacional para la Cultura y las Artes/Instituto
Nacional de Antropología e Historia**

Instituto Nacional de Antropología e Historia
Córdoba 45, col. Roma, CP 06700, México, D. F.

**Centro de Investigaciones Humanísticas de Mesoamérica
y el Estado de Chiapas-UNAM**
Calle 28 de Agosto núm. 11, San Cristóbal de las Casas, Chiapas, CP 29200

ISBN 968-36-4624-7

Impreso y hecho en México

Índice

Índice

Prefacio

La gran zona arqueológica de San Isidro, situada en las márgenes del río Grijalva medio, nos fue reportada en 1965 por los ingenieros de la Secretaría de Recursos Hidráulicos, institución responsable de la planeación e inicio de construcción de la presa Nezahualcóyotl cerca de la convergencia de los estados de Chiapas, Oaxaca y Veracruz. La investigación que se efectuó posteriormente en dicha zona fue parte de un rescate general de la arqueología del embalse, coordinado por el Instituto Nacional de Antropología e Historia (INAH), a través de su Departamento de Prehistoria. El director del proyecto de salvamento arqueológico de Malpaso lo ha resumido así:

> Con motivo de la construcción de la presa hidroeléctrica Nezahualcóyotl en el municipio de Tecpatán, Chiapas, sobre el río Grijalva, el Departamento de Monumentos Prehispánicos en colaboración con el Museo Nacional de Antropología, la New World Archaeological Foundation de la Brigham Young University de EE.UU., la Comisión Federal de Electricidad y la Comisión del Grijalva, realizaron investigaciones intensivas dentro del área inundada por las aguas que cubren 30 000 hectáreas.
>
> Debemos destacar la importante ayuda proporcionada por el ingeniero Alfredo Marrón Vimbert de la CFE y del ingeniero Carlos Molina, de la Comisión del Grijalva, quienes nos proporcionaron obreros, alimentación, alojamiento, equipo, y parte del transporte empleado en el transcurso de los trabajos de rescate[...]
>
> Las investigaciones se iniciaron de septiembre a diciembre de 1965, con un reconocimiento del área por parte del personal de la N.W.A.F., sobre cuyos resultados se iniciaron las excavaciones el 5 de enero del presente año, ya bajo la coordinación general del Departamento de Monumentos Prehispánicos. (Navarrete, 1966a:36-38.)

La presa se concluyó en junio de 1966, esto nos permitió tener tiempo para una sola temporada de investigaciones arqueológicas. Más tarde, Martínez Muriel y Navarrete (1978:232) nos explicaron que:

> Es lógico que el equipo se viera agobiado por el escaso tiempo disponible, y por contar con un plan de trabajo -no proyecto- que se fue elaborando sobre la marcha. Las prioridades tuvieron que ser jerarquizadas a partir del reconocimiento de superficie inicial, y del interés que los materiales presentaban a la experiencia personal de los arqueólogos participantes; algunos habían realizado investigaciones en el Estado, lo que a lo largo señaló el rumbo de los trabajos.

Sólo se exploraron seis de los quince complejos arquitectónicos de San Isidro: montículos 1, 2, 3, 4, 20 y 29; quedaron a mi cargo los dos últimos. Las investigaciones realizadas en el montículo 20 nos indicaron que fue ocupado primeramente por los olmecas tempranos e intermedios. Estos resultados fueron reportados en mi tesis de maestría (Lowe, 1969); el presente trabajo es una versión ampliada y actualizada de esa obra. En Dumbarton Oaks presenté un informe preliminar de la ocupación temprana del montículo 20 (Lowe, 1981).

En mis frecuentes ausencias durante la temporada de excavaciones en San Isidro, los trabajos del montículo 20 quedaban bajo la supervisión de los arqueólogos Eduardo Matos Moctezuma y Thomas A. Lee Jr.; a ellos expreso mi gratitud. El mapeo y los dibujos de Eduardo Martínez E. fueron de un valor muy particular para este trabajo. Lo mismo manifiesto para Víctor M. Esponda quien se encargó de revisar, corregir y preparar la versión final de esta obra. A la Secretaría de Recursos Hidráulicos le agradecemos habernos asignado un topógrafo, que hizo posible la ágil terminación del plano topográfico de la zona no obstante el corto tiempo de que se dispuso, en combinación con trabajos de desmonte.

Estimamos cumplidamente la ayuda y facilidades proporcionadas al proyecto de San Isidro por parte de los arqueólogos José Luis Lorenzo, entonces jefe del Departamento de Prehistoria del INAH, y Carlos Navarrete, director del proyecto de campo, tanto en los trabajos de Malpaso como en el estudio de los materiales en la ciudad de México.

Agradezco mucho los servicios de Jorge Acuña Nuricumbo, asistente de campo, y al fotógrafo Mario Vega Román. Estamos en deuda con el señor Jacobo Mancilla (†), dueño del rancho San Isidro, quien nos indicó y cuidó varios edificios útiles (incluyendo un templo evangélico abandonado), además de ayudarnos con el manejo de un grupo de trabajadores de confianza. Los hermanos Mancilla, oriundos de Ocozocuautla, nos auxiliaron en la preparación de una pista de aterrizaje en los llanos cercanos a San Isidro, con lo que nos evitaron muchos rodeos a pie o a lomo de mula sobre peligrosas brechas húmedas de la sierra.

Es de lamentar que nuestra inolvidable asociación con don Jacobo, su familia y los fértiles terrenos, siempre verdes, al margen del gran río, haya terminado tan bruscamente con la inundación del embalse.

Por último, una parte de esta obra fue financiada por la Fundación Arqueológica Nuevo Mundo, A.C., de la Brigham Young University.

Gareth W. Lowe

Introducción

Exploraciones y medio ambiente

San Isidro, en la región de Malpaso (figura 1), fue la comunidad prehispánica de Chiapas que tuvo relaciones más estrechas con la
antigua ciudad olmeca de La Venta, en el Golfo. Las breves investigaciones que se hicieron en la zona de San Isidro fueron parte del
proyecto de salvamento arqueológico de la presa Nezahualcóyotl,
comúnmente llamada Malpaso (Navarrete, 1966a). Malpaso debe su
nombre a los grandes raudales que hay arriba de la presa, en la confluencia de los ríos de La Venta y Grijalva (figura 2). San Isidro tuvo
gran importancia no sólo en las épocas olmecas sino también en tiempos preclásicos más recientes y durante todo el periodo Clásico. Las
construcciones y ofrendas del Preclásico Tardío y Clásico en el montículo 4 de San Isidro han sido descritas por Lee (1974b). Matos
Moctezuma (1966a, 1966b: 33-36, figuras 1-5) proporciona un resumen del Clásico Tardío en los montículos 1 y 2. Una recopilación
de las estructuras y ofrendas del Preclásico Medio en el montículo 20
aparece en Lowe (1981). Con los datos disponibles, cada día más
amplios, de La Venta, San Lorenzo y otras ciudades de los antiguos
olmecas de Tabasco y Veracruz, nos parece conveniente hacer un
nuevo recuento de la ocupación olmeca en San Isidro. Hoy día se
presume que la población zoqueana de Chiapas, Tabasco y Veracruz
desciende de los grupos olmecas (Campbell y Kaufman, 1976;
Justeson y Kaufman, 1993); pero se requiere una revisión con base
en los datos existentes para tratar de entender los procesos de cambio
en el desarrollo de las culturas tempranas del occidente de Chiapas.
Los trabajos arqueológicos en San Isidro se llevaron a cabo entre
mediados de marzo y finales de junio de 1966 (véase resúmenes en
Martínez M. y Navarrete, 1978:232-234; Navarrete, Lee y Silva
Rhoads, 1993). Debido a circunstancias particulares sólo se efectuó
una temporada de excavaciones antes del cierre de la mencionada
presa (Lowe, 1989b). Eduardo Matos describe el proyecto de salvamento que se hizo en Malpaso subrayando la importancia del sitio
San Isidro:

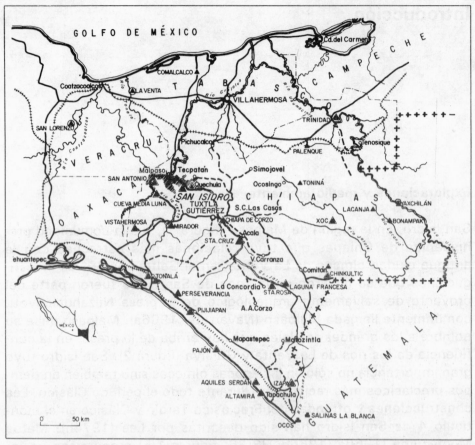

Figura 1. Mapa del estado de Chiapas, Istmo de Tehuantepec y la costa sur del Golfo de México.

En los recientes trabajos de rescate arqueológico llevados a cabo en la zona del embalse de la presa Nezahualcóyotl, en Malpaso, Chiapas, se localizaron 110 sitios arqueológicos, siendo San Isidro el de mayores dimensiones encontrado. Localizado sobre la margen izquierda del río Grijalva y a unos 20 km de la población de Raudales, el sitio mostró montículos de más de 12 m de alto y estructuras que, una vez exploradas, nos proporcionaron datos de gran interés. Así, sabemos que San Isidro presenta una ocupación ininterrumpida que va de 1 200 años antes de nuestra era hasta una época cercana a la llegada de los españoles; además aportó una serie de datos de excepcional importancia que quizá aclaren en algo el problema olmeca. (Matos Moctezuma, 1966a:36).

El rancho San Isidro ocupaba una amplia y relativamente llana porción de terreno localizada sobre la ribera izquierda del río Grijalva, atrás de la Playa de San Juan (figura 3, arriba). El rancho quedaba a unos diez kilómetros abajo del viejo pueblo zoque de Quechula y fue parcialmente sembrado de cacao junto con el resto del terreno de montaña alta y de parcelas viejas. En estas tierras se encontraban los montículos del centro arqueológico más grande que se conoce

Figura 2. Los raudales del río Grijalva, con la presa Nezahualcóyotl o "Malpaso" al fondo, antes de cerrarse la presa. El río de La Venta entra a la izquierda, vista hacia el norte.

13

Figura 3. Campamento del proyecto de salvamento en San Isidro. Arriba, Playa de San Juan con capilla abandonada que sirvió de bodega. Izquierda, el autor y empleados del INAH frente del campamento. Derecha, don Jacobo Mancilla, dueño del rancho San Isidro, en su patio.

entre la planicie costera del occidente de Tabasco y la Depresión Central de Chiapas, actualmente identificado como la zona arqueológica de San Isidro (Lee, 1974b). La zona quedó bajo las aguas de la presa Nezahualcóyotl o Malpaso desde el mes de julio de 1966 (Lowe 1981, figura 3).

En septiembre de 1965, la Fundación Arqueológica del Nuevo Mundo, con la autorización del Departamento de Prehistoria del INAH, inició el reconocimiento arqueológico de la región del Grijalva medio, espacio que había permanecido ignorado por los arqueólogos. En 1953, bajo mi dirección, la Fundación realizó un reconocimiento arqueológico en la porción superior del bajo Grijalva, entre Chiapas y Tabasco, que incluyó recorridos de superficie y excavaciones en el lugar denominado Las Palmas, donde se hallaba una enorme plantación de caucho, localizada a unos pocos kilómetros río abajo de Raudales (Piña Chan y Navarrete, 1967: ix, 37-39). Esta sección occidental e intermontaña del río Grijalva se ha conocido históricamente como el río Mezcalapa, denominación aplicada en ocasiones hasta Quechula (el Distrito de Mezcalapa), incluyendo la zona aquí identificada como la región del Grijalva medio. Desafortunadamente, los datos verbales que me proporcionaron durante mi reconocimiento del Mezcalapa en 1953, por un informante supuestamente confiable pero europeo, indicaban que la región arriba de Raudales carecía de ruinas y de una población significativa. La prospección aérea realizada sobre esta selvática región en 1958 y los viajes efectuados en balsa por Thomas A. Lee en 1964 y 1965 (Lee, 1966, 1974b: v) tampoco localizaron ruinas importantes.

En vista de esos antecedentes negativos, en 1965 fue preciso emprender un cuidadoso reconocimiento a pie por las riberas de la región del Grijalva medio que nos arrojó resultados sorprendentes pues, en casi todas las áreas-nivel que están a lo largo del río y sobre las planicies, se hallaron antiguas plantaciones de cacao aún en producción que cubrían prístinas zonas de ocupación prehispánica de variable densidad: desde terrazas bajas hasta sitios mayores, con anchas plataformas e inclusive amplias pirámides. El crecimiento de árboles naturales y cultivados en esta región era demasiado exuberante para revelar los restos arqueológicos ante la simple observación, tanto desde el aire como a nivel del río. El examen de fotografías aéreas también dio resultados negativos. Sólo las constantes preguntas a los escasos agricultores (algunos de los cuales ya habían abandonado la zona en el momento de nuestro reconocimiento) y la cuidadosa inspección del terreno a partir de frecuentes desembarcos a lo largo del río pudieron revelar el antiguo patrón de ocupación. Los sitios localizados en los reconocimientos realizados en la cuenca de la presa se muestran en Lowe (1981, figura 2); este mapa incluye una clave que indica aquellos sitios donde se realizaron excavaciones por parte del programa conjunto de salvamento INAH-FANM (Navarrete, 1966a; Matos, 1966b). Los informes sobre las demás excavaciones están en preparación (Navarrete y Lee, s.f.; Lynneth Lowe, 1995; Navarrete *et al.*).

El verdadero papel histórico de una región "intermedia" tan húmeda y, al menos en tiempos recientes, escasamente habitada, como lo era la del Grijalva medio, obviamente fue poco conocida antes de efectuarse los trabajos de rescate arqueológico. El área, sin embargo, parece haber tenido casi siempre una función regional claramente definida, relacionada básicamente con las rutas de transporte fluvial que cruzaban la sierra hasta el Golfo. El descubrimiento reciente de talleres olmecas de minerales en Miramar, justo arriba de la entrada del cañón del río de La Venta (Agrinier, 1975, 1984) y la abundancia de este material en San Lorenzo (Cyphers Guillén, 1995), subraya la posible importancia del papel que desempeñó Malpaso en las rutas de comunicación en un periodo anterior a 1000 a.C. Es probable, también, que la región siempre haya sido importante en la producción del cacao, para la cual el clima lluvioso y cálido de Malpaso es el más indicado.

La ecología del Grijalva medio

La región del Grijalva medio situada río abajo de Quechula se caracteriza por su altísima precipitación pluvial, escarpadas colinas y por su extremo aislamiento. El acceso a esta zona, escasamente conocida, se realizó en 1965 a través de un difícil recorrido en lancha desde Raudales, río abajo, y por Ocozocuautla a través de senderos empinados, rara vez secos, cruzando las montañas. Actualmente el área es conocida como la región del Grijalva medio; su límite superior está en la salida del Cañón del Sumidero, arriba de Quechula, y el límite inferior en los rápidos de Raudales de Malpaso en la confluencia del río Grijalva con su tributario, el río La Venta, que entra por el oeste (figura 2). La presa Nezahualcóyotl o Malpaso fue construida justo bajo estos rápidos, y el lago resultante ha inundado por completo la región media del Grijalva desde mediados de 1966 (Navarrete, 1966a; Matos M., 1966b; Martínez M. y Navarrete, 1978:232-236). El embalse de Malpaso incluye el brazo del río La Venta, el cual es topográficamente tan similar que puede ser considerado como una extensión del Grijalva medio; tanto cultural como ecológicamente las dos subregiones parecen indistinguibles desde la época prehispánica y aún en tiempos recientes (véase Agrinier, 1969, para un informe sobre San Antonio, el sitio más importante de la cuenca del río La Venta).

Lluvias diarias y frías neblinas caracterizan la región del Grijalva medio durante la mayor parte del año y éstas incrementaron las dificultades del reconocimiento. El recorrido se llevó a cabo, fundamentalmente, durante el periodo de "nortes" que comienza a fines del otoño, es decir, cuando está por terminar la temporada de lluvias, como ocurre en muchas partes de México. Durante el invierno y primavera de 1966, la casi incesante llovizna complicó severamente las actividades de campo. La naturaleza extremadamente húmeda de la región del Grijalva medio, como ya se mencionó arriba, contrasta con la región baja y abierta ubicada al norte en la planicie de Tabasco, la cual presenta una marcada estación seca, y más aún con las regiones del alto Grijalva (o Depresión Central de Chiapas), el valle de Cintalapa y la porción alta del río La Venta: cuencas interiores con un clima seco tropical (Lowe, 1959; Peterson, 1963:1-3).

La zona montañosa de Malpaso, ubicada río abajo del Cañón del Sumidero y Quechula, es de extremo contraste con la región de la Depresión Central que comienza al sur de Tuxtla Gutiérrez y Chiapa de Corzo. El medio y alto Grijalva forman dos regiones conectadas por el mismo río pero separadas por más de 30 kilómetros de montañas rocosas, selvas altas y cañones intransitables. El famoso Cañón del Sumidero, con mil metros de profundidad, corta la sierra al norte de Chiapa de Corzo, ahora incluido dentro del embalse de la presa Chicoasén (Martínez M., 1980). A 15 kilómetros al oeste de Ocozocuautla, el cañón del río La Venta forma otra angosta, profunda y sinuosa rajadura que cruza la sierra para llegar a formar la rama poniente de la gran represa formada por la presa Nezahualcóyotl. Todo este territorio pertenece al occidente de Chiapas y, en el momento de la Conquista, estaba ocupado por el pueblo zoque con excepción de una pequeña región dominada por los chiapanecas desde una época después del siglo X (Navarrete, 1966b). Ahora se supone que las ocupaciones Preclásicas y Clásicas, de 1200 a.C. hasta 1000 d.C., también se pueden atribuir a los ancestros de los zoques de filiación olmeca, epiolmeca y postolmeca (Lowe, 1983; en preparación).

La abundancia de recursos acuáticos y la facilidad que ofrecían los ríos Grijalva y La Venta para trasladarse fueron la razón principal del establecimiento de los olmecas y de los zoques en esas zonas. Según Matos M. (1966b:37): "Hay que hacer notar que la gran concentración de sitios en las márgenes de los ríos está indicando que el comercio o intercambio debió hacerse con pequeñas embarcaciones, así como la gran importancia que debió de tener la pesca, ya que se han encontrado una buena cantidad de pesos de red, hechos de barro."

Efigies de patos y de otros pájaros con picos largos, ranas, pescados y caracoles aparecen en la cerámica preclásica de San Isidro; en una ofrenda se encontró una concha de almeja de río. El mismo nombre histórico de "Quechula" indica en el río una presencia imponente del *quechol* o espátula o cucharón, o tal vez otro pájaro acuático (Becerra, 1932).

La posición estratégica del Grijalva medio

La región del Grijalva medio, que largamente permaneció ignorada por arqueólogos, antropólogos e historiadores, tuvo significativa importancia prehispánica y colonial. En 1523, el capitán Luis Marín dirigió la primera entrada española a Chiapas desde el puerto de Coatzacoalcos (Díaz del Castillo, 1964:387) pasando por el pueblo zoque de Quechula, donde pronto los españoles contaron con una próspera comunidad. La importancia de la región en la producción de cacao desde por lo menos el siglo XVII fue comentada por Tomás Torres (1659), quien consideró que el cacao de allí era igual al que hacía tan famosa a la región del Soconusco en la costa del Pacífico de Chiapas. El cacao chiapaneco fue altamente valorado por los españoles y, por supuesto, fue uno de los más importantes productos de comercio, tanto en tiempos prehispánicos como coloniales (Gage, 1946:76; Lee, 1978; Navarrete, 1973). Sal y telas de algodón también pudieron haber sido comercializados desde el área central zoque hasta la región de la Chontalpa y el bajo Grijalva (Scholes y Roys, 1968:30-31).

Así, aunque no tengamos evidencia directa, es probable que antiguamente el cacao fuera un producto importante del Grijalva medio, justo como lo fue durante tiempos coloniales y modernos. Si es así, se establece entonces un antiguo papel comercial para la zona en vista de que el cacao siempre fue un cultivo de exportación. La casa del propietario del rancho San Isidro, don Jacobo Mancilla, ubicada en la ribera del río (figura 3), era una muestra típica de las plantaciones de cacao actuales, cuyos dueños frecuentemente poseían otra propiedad de carácter más sustancial en Ocozocuautla (en este caso) o en otras comunidades de esta jurisdicción o en los municipios vecinos. El registro arqueológico indica que las fuertes relaciones que se mantenían con los pueblos del interior de la cuenca es un patrón muy antiguo, pero debe admitirse que sabemos poco de la arqueología de las montañosas provincias zoques del lado norte del río; San Isidro fue parte del municipio de Tecpatán, un famoso centro zoque enclavado en las montañas (Navarrete y Lee, s.f.).

El río Grijalva permitió el tráfico prehispánico en canoa desde los puertos y pueblos de la costa del Golfo, con todo lo difícil que pudo haber resultado internarse profundamente en el interior, hasta San Isidro, más o menos medio camino a través del Istmo de Tehuantepec, y a un día de distancia a pie de la densamente poblada Depresión Central de Chiapas. Los formidables cañones del Sumidero y La Venta impidieron el tráfico fluvial hacia la Depresión, así que el transporte se tuvo que hacer con cargadores, por vía terrestre, que tenían que trasladar diversos bienes a través de la región intermedia de montaña baja, como efectivamente continuó haciéndose hasta el presente siglo cuando el ferrocarril de la costa del Pacífico y del Istmo de Tehuantepec cambió el antiguo patrón de transporte. Las difíciles condiciones de transportación ocasionadas por la accidentada topografía chiapaneca han sido consideradas con amplitud por Castañón Gamboa (1951:75-81), quien hace un comentario sobresaliente acerca de nuestra región occidental, en los términos siguientes:

> Existieron otras rutas para Tabasco y Campeche de menor tráfico, siendo la más corta la que partía de Ocozocuautla a Quechula para continuar en canoa por las aguas del Mezcalapa. Por esta ruta salían a Tabasco algunos productos agrícolas de la región[...] Los comerciantes retornaban con géneros extranjeros[...] Hablando de este camino mixto, dice Mier y Terán que "eran tan peligroso que el gobierno español de Guatemala lo mandó obstruir, por la despoblación que causaba a Quechula, al que arriban con mucho trabajo mulas con medias cargas, para embarcar éstas en el río de Tabasco. Los escollos y peñascos que este río tiene adelante de Quechula, hacen perecer a los indios que gobiernan las canoas no obstante que al llegar a este punto, se echa la carga a tierra y se conduce a hombros de los mismos indios hasta donde sin peligro pueden ponerlas otra vez en las canoas, que aunque sin peso, el ímpetu de la corriente las choca contra los peñascos y en este lance pocos de los sirvientes han escapado.
>
> Los otros caminos que existían para Tabasco y Campeche eran más largos y ofrecían más seguridad al viajero, pero por ninguno de ellos se podía hacer el recorrido a caballo, pues en muchos tramos el caminante tenía que ser conducido en silla a espaldas del indio.

Lo anterior hace suponer que la creciente demanda de transportación por la ruta terrestre-fluvial de Quechula, durante el periodo colonial, agotó la oferta de expertos canoeros, y los pocos hábiles que los sustituyeron fracasaron y desertaron, volviendo la ruta antieconómica para el gobierno de la época. Sin embargo, lo reducido de la ruta por agua y la eliminación de cargadores, durante la mayor parte del duro viaje hacia Tabasco y más allá, indudablemente favoreció a la ruta de Quechula en tiempos prehispánicos. Grupos de expertos canoeros y comerciantes seguramente se asentaban en puntos cruciales a lo largo del camino. En lugares apropiados de los ríos Grijalva y La Venta, se encontraron sitios arqueológicos relativamente grandes donde el tráfico en canoa fue razonablemente factible. San Antonio, un pueblo Preclásico y centro Clásico grande, se encuentra en esta situación en el río La Venta (Agrinier, 1969); lo mismo ocurre con San Isidro en el Grijalva. San Isidro es el centro prehispánico más importante de toda la cuenca (figuras 4-6); además, su favorable ubicación sugiere que el cacao y el transporte estimularon su crecimiento. El río Totopac y el valle del mismo nombre están frente a San Isidro y, sin duda, ello fue otro factor que coadyuvó a la importancia de dicho sitio como centro cívico-ceremonial regional.

Figura 4. El desmonte de la zona arqueológica de San Isidro. Arriba, el montículo 20. Abajo, el montículo 1, mirando al sur de oriente (véase figuras 7, 14).

Otro rasgo geográfico que aparentemente favoreció el ascenso de San Isidro como un centro regional fue su ubicación sobre lo que parece ser la más amplia ribera o terraza natural que hay a lo largo de todo el Grijalva medio. Esta planicie estuvo próxima a una franja de terreno tipo sabana, relativamente plana e inusualmente extensa (en esta región), localizada a un kilómetro del río y conocida localmente como Las Pampas. Ambos espacios pudieron haber sido muy útiles para la agricultura temprana. La planicie, en todo caso, facilitó el traslado por tierra a lo largo de muchos kilómetros de terreno plano atrás de la ribera izquierda del río. La planicie se estrecha en su extremo superior, precisamente detrás de las ruinas de San Isidro (separada por una zona de colinas arboladas) lo cual ofrece otra probable evidencia del importante papel de este sitio como eje de comunicaciones. La presencia de un vado durante la estación seca frente a San Isidro es otro punto que favorece el aspecto de la comunicación en el sitio. El vado es algo peligroso, pues está ubicado sobre rocas salientes, pero es probable que antiguamente fuera algo más llano y amplio; si las salientes de roca eran más elevadas, entonces podían sobresalir del agua más que en el presente, conteniendo aguas relativamente tranquilas, facilitando con esto el cruce de canoas, además de las posibilidades de vadear el río a través de los afloramientos de roca.

San Isidro fue un centro cívico-ceremonial y, hasta donde sabemos, el principal de la región del Grijalva medio durante largo tiempo. Al fin del segundo milenio a.C., durante el horizonte Olmeca Temprano de San Lorenzo, este sitio había ya adquirido importancia. Los breves trabajos de salvamento efectuados en el sitio desafortunadamente no pueden resolver muchos de los problemas que se pueden plantear acerca de la historia cultural y composición social de esta zona. La mayor parte del sitio no fue explorada más allá del reconocimiento superficial y el mapeo (figura 5) antes de la creciente del río a causa del cierre de la presa, a mediados de junio de 1966, quedando el sitio rápidamente inundado por las aguas del embalse. Las excavaciones praticadas en San Isidro se presentan aquí como los mejores datos disponibles para proponer una reconstrucción de la historia cultural olmeca en la cuenca del Grijalva medio.

Se puede, entoces, ampliar un poco las observaciones anteriores en relación con las contribuciones olmecas de la historia cultural del Grijalva medio (Lowe, 1981). Ninguna colección de artefactos disponible del Grijalva medio, sin embargo, se le acerca a la del montículo 20 de San Isidro (figuras 6 y 7) en cantidad y riqueza secuencial relativa a los olmecas. Las excavaciones menores efectuadas alrededor de los montículos 1, 2, 4 y 29 también proporcionaron datos acerca de la extensión de la ocupación olmeca temprana y media de San Isidro. Otras evidencias olmecas de Malpaso obtenidas en el sitio Maritano, cerca del aeropuerto de Raudales (Lowe, 1989b), ya han sido reportadas (Navarrete *et al.*, s.f.).

Cronología preclásica

Un cuadro cronológico para San Isidro lo elaboró Lee (1974a, 1974b, figura 2) y ha sido utilizado sin modificaciones por otros autores (Martínez M. y Navarrete, 1978:241; Paillés y Beutelspacher, 1989,

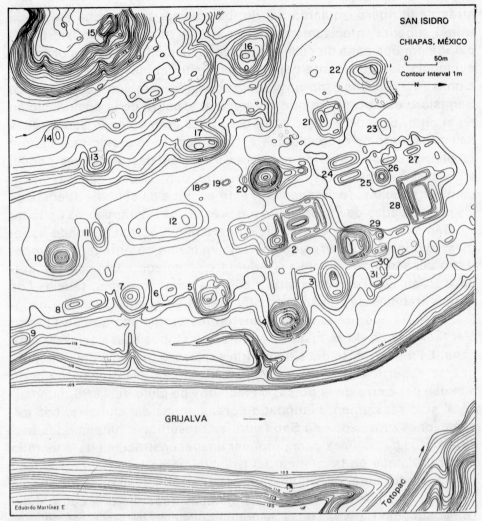

Figura 5. Plano de la zona arqueológica de San Isidro. Dibujo de Eduardo Martínez Espinosa; topografía levantada por Martínez y la Secretaría de Recursos Hidráulicos (Lee, 1974b).

figura 15). Aquí se reproduce, ligeramente corregida, la sección inferior correspondiente al Preclásico Temprano, Medio y Tardío, incluyendo la secuencia de San Lorenzo, Veracruz, aumentada, para facilitar comparaciones (cuadro 1). He eliminado la fase Bombaná por insuficiencia de datos (quedándonos con las fases Cacahuanó A y B). También he agregado una fase, la Dzewa, entre Dombi y Equipac. Dzewa es así la última fase cultural que privilegia el uso del tecomate (la olla sin cuello) que está presente tempranamente en todas partes del occidente de Chiapas.

Las fases Cacahuanó y Dzewa tienen claras relaciones olmecas y serán discutidas más adelante. Las demás fases del Preclásico Medio, Equipac y Felisa, fueron presentadas en otros trabajos (Lowe,

1981: 249-255, figuras 16-20; Lee, 1974b: 9-11, 37-46). Éstas y la fase Guañoma del Preclásico Tardío en montículo 20, serán discutidas con más detalles en un estudio futuro acerca de los zoques del Formativo (Lowe, en preparación).

Se encontró otra muestra de cerámica de la fase Cacahuanó en las últimas capas (abajo de cinco metros) del pozo 1 en una plataforma del pequeño sitio de El Laurel en el valle del río Totopac, en frente de San Isidro (Lee, 1974b: 2-6). Dos fechas de radiocarbono de este

Figura 6. Vistas aéreas de la zona arqueológica de San Isidro. Arriba, vista hacia el este, con el montículo 20 en medio y el montículo 1 al fondo; lomerío al otro lado del río. Abajo, vista al sur mirando río abajo, después de cerrarse la cortina.

Figura 7. Excavaciones en la zona arqueológica de San Isidro. Arriba, el montículo 20 visto desde el este, con el pozo 2 encima y otros pozos al frente. Abajo, plaza norte del juego de pelota doble del montículo 2 en frente, y los montículos 29 y 1 al fondo (véase figuras 4, 14).

pozo fijan los parámetros tardío y temprano para la fase Cacahuanó: restos de carbono procedentes de un hogar con tiestos Dombi hallados a 3.85 metros fecharon 950 a.C. ±105 años; carbón de otro hogar encontrado a 5.30 metros fechó 1585 a.C. ±130 años. La última fecha parece ser muy temprana (Lee, 1974b:6).

24

Cuadro 1

CRONOLOGÍA PRECLÁSICA DEL GRIJALVA MEDIO*

	Periodos cronológicos de Mesoamérica	Secuencia de fases de la region del Grijalva medio	Fases Chiapa de Corzo	Sur de Veracruz, Tabasco
200				
a.C. 100	Protoclásico Tardío	Ipsan	Istmo	
0	Preclásico Temprano		Horcones	Remplas
d.C. 100				
200	Preclásico Tardío	Guañoma	Guanacaste	
300				
400		Felisa	Francesa	Palangana
500	Preclásico Medio	Equipac	Escalera	
600		Dzewa		
700				
800		Dombi	Dilí	Nacaste
900			"Jocotal"	
1000				
1100		Cacahuanó	Cotorra	San Lorenzo
1200				
1300	Preclásico Temprano			Chicharras
1400				
1500				
1600				Bajío
1700				Ojochi

* Adaptado de Lee (1947b) y Paillés (1980)

Los olmecas tempranos en San Isidro

En los pozos excavados hasta el subsuelo en San Isidro se halló una zona de ocupación primaria del Preclásico o Formativo Temprano, que fecha entre 1300 y 1000 a.C. Los tiestos encontrados abajo del montículo 20 y de su plataforma frontal (figuras 7, 8) corresponden al periodo Preclásico Temprano y son la única cerámica de relleno hallada dentro de una serie de plataformas arquitectónicas, las más antiguas de San Isidro. Esta cerámica de las fases Cacahuanó A y B demuestra una clara semejanza con los tipos diagnósticos de la fase San Lorenzo que han sido descritos para esta renombrada ciudad capital de los olmecas tempranos en el sur de Veracruz (Coe y Diehl, 1980). La cerámica Cacahuanó también tiene paralelos con la fase Pac de Mirador (Agrinier, 1984).

Algunos lotes de tiestos indicativos de una subfase Cacahuanó A provenían de depósitos anteriores a la primera plataforma basal del montículo 20; dichos depósitos parecen establecer el comienzo del poblamiento de San Isidro antes de 1200 a.C. (cuadro 1). Como se discutirá más adelante, no hay duda de que la cerámica Cacahuanó ya era esencialmente olmeca. La participación de San Isidro dentro de la cultura olmeca temprana, entonces, es incuestionable. Una descripción de las excavaciones del montículo 20 nos dará una idea de la magnitud arquitectónica del sitio y de las actividades intensivas que desarrollaron en San Isidro los olmecas tempranos e intermedios (Lowe, 1981). En los pozos de prueba excavados hasta el subsuelo en las orillas de los montículos 1, 2, 4 y 29 (figura 5) también se encontró, en sus niveles inferiores, una ocupación de los olmecas tempranos, pero sin evidencias de estructuras.

La importancia que representó San Isidro para los olmecas tempranos del Golfo, probablemente deriva del comercio, por lo cual, aun en lugares distantes, eran muy famosos. Cubos pulidos y multiperforados de minerales (ilmenita y magnetita) elaborados en los talleres olmecas situados en Miramar y Mirador, en el municipio de Jiquipilas (Agrinier, 1975, 1984), muy probablemente fueron trasportados al Golfo tomando la ruta del río Grijalva, utilizando como puerto a San Isidro (no obstante, en este sitio no se han encontrado

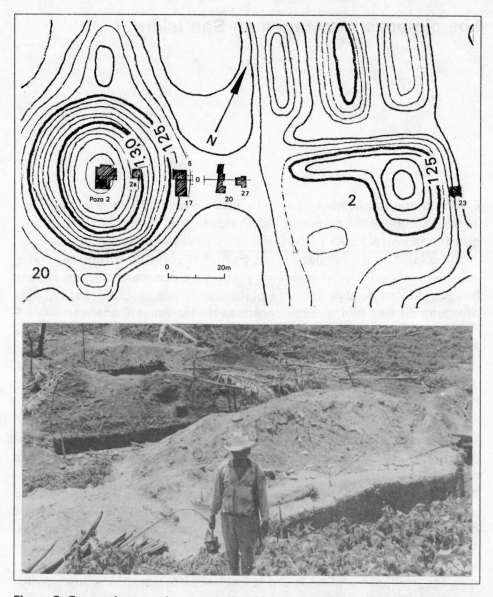

Figura 8. Excavaciones en los montículos 20 y 2. Arriba, planta de las excavaciones. Abajo, vista de los pozos 5, 20 y 27 en la plataforma frontal del montículo 20, siguiendo la línea central de ofrendas de la fase Dzewa (figuras 10, 12).

artefactos minerales y esto se debe, sin duda, a las pocas exploraciones que allí se llevaron a cabo). Otro producto, también famoso por su alta comercialización, fue el cacao; pues el aspecto natural del Grijalva medio es propicio para este cultivo y su calidad es bien reconocida; además se supone que antiguamente en la región existió una variedad de cacao silvestre. Es probable que el cacao de San Isidro y el de su región hayan sido el producto de la fase Dzewa más codiciado para los olmecas de La Venta.

Las excavaciones del montículo 20

La erosionada pirámide del montículo 20 fue explorada en su cima a partir del profundo pozo 2 (figuras 7 y 13) y en la mitad de su lado oriente por medio del somero pozo 2a. Los pozos 5 y 17 fueron excavados en la base del lado este del mismo montículo, mientras que la plataforma, situada en la misma dirección, fue investigada por medio de los pozos 20 y 27 (figuras 7 y 8). A continuación se presentan, sintetizados, el carácter y los resultados de las excavaciones realizadas en dicho montículo.

Pozo 2

El pozo 2, de nueve metros cuadrados, tres por cada lado (figura 13), fue excavado en la cima del montículo 20 para liberar una ofrenda superficial de la fase Ipsan y después fue ampliado para permitir la exploración de una tumba de adobes del entierro 11, fase Guañoma, descubierta a un metro abajo de la superficie. Abajo del entierro 11 aparecieron cuatro pisos de barro. Intrusivo entre el par de pisos más inferior, a cinco metros, se encontró el entierro 7 con una urna con ofrenda de cerámica y jade de la fase Equipac (Lowe, 1981: 249, figuras 16, 17; 1989b, figura 9). El pozo 2 se excavó hasta 6.5 metros; abajo del último piso, a un metro y medio, se halló relleno que contenía tiestos de las fases Dzewa, Dombi y Cacahuanó, pero desafortunadamente no fue posible seguir con esta exploración en la antigua plataforma piramidal.

Se abrió el pozo 2a en la cara este del montículo 20 (figura 7) pero tampoco fue oportuno seguir esta exploración. Sin embargo, los tiestos de esta pequeña prueba incluyeron algunos de los mejores ejemplos de los complejos Dombi y Dzewa.

Pozo 5

Excavado en la base oriental del montículo 20, el pozo 5 se extendió tres metros sobre la ladera, con una longitud de seis metros de este a oeste; posteriormente se restringió a menos de cinco cuando se hallaron unos muros de mampostería a 1.25 y 1.50 metros por debajo de la superficie (figuras 9, 10). En la base de estos muros se encontraron las ofrendas 4, 5 y 6, y tres parejas de vasijas relativamente sencillas que se fechan dentro de la fase Guañoma.

Por debajo de las ofrendas Guañoma, el pozo 5 atravesó un relleno de la fase Dzewa, intrusivo entre pisos rotos, visibles en la cara

Figura 9. Lado oeste del pozo 5, aquí se muestra los cimientos y los restos de los pisos I, II y III de la fase Cacahuanó que fueron destruidas por unas series de ofrendas en la fase Dzewa (véase figuras 10 y 11).

de las paredes del pozo (como se ve en las figuras 9 y 10). Entre este relleno profundo se encontraron las ofrendas 10, 11, 12, 13 y 14, así como los entierros 9 y 10 (figura 10). Las ofrendas pertenecen a la fase Dzewa y todas (excepto por la ofrenda 13) contenían de dos a veintiocho hachas de piedra. Estas ofrendas fueron introducidas a través de orificios excavados en el interior de plataformas más tempranas, pertenecientes a la fase Cacahuanó B, y en algunos casos en el subsuelo arenoso estéril que subyace bajo de la estructura I, la más antigua que se conoce en San Isidro.

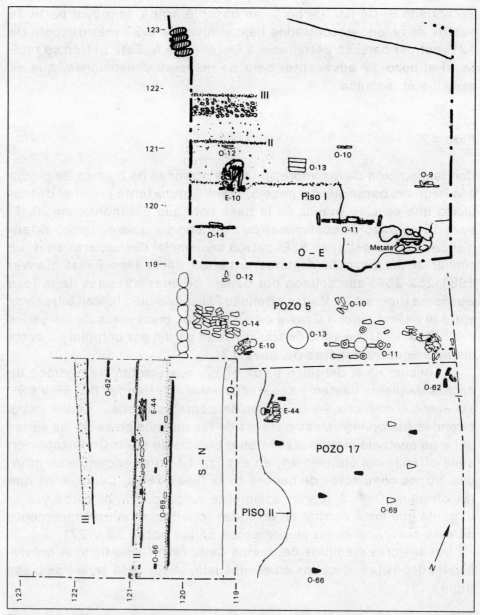

Figura 10. Plantas y secciones de los pozos 5 y 17, zonas centrales, aquí sólo apreciamos los pisos Cacahuanó destruidos y las ofrendas de la fase Dzewa intrusivas. El metate (figura 20) descansa sobre un relleno y pozo profundo intrusivo de la fase Cacahuanó. Para la posición de ofrendas y entierros de las fases Felisa y Guañoma véase la figura 11 y Lowe, 1981, figuras 6 y 7, y Lowe en preparación. Los números a la izquierda de las secciones indican los metros sobre el nivel del mar.

Con base en los tiestos recogidos durante las excavaciones del pozo 5, las tres series de pisos inferiores (I-III, figuras 9, 10) se han fechado dentro de la fase Cacahuanó B. A pesar de la intrusión de media docena de ofrendas de la fase Dzewa, a través de estos pisos, no se encontraron en el relleno circundante tiestos posteriores a

Cacahuanó B. De hecho, como se observó arriba, la mayor parte de tiestos de relleno encontrados bajo el nivel de 3.20 metros (cota de 121 metros) parecen pertenecer a Cacahuanó A. Este patrón se repite en el pozo 17 adyacente, pero de mayores dimensiones, que se describe en seguida.

Pozo 17

Con la aparición de las impresionantes ofrendas de hachas de piedra a lo largo del borde sur del pozo 5, resultó importante poner al descubierto una sección mayor de la base contigua del montículo 20. El pozo 17 se trazó de cuatro metros de ancho por seis de largo, extendiéndose al sur del pozo 5. El patrón secuencial descubierto aquí fue similar al del pozo 5. Algunos entierros de la fase Felisa (Lowe, 1981:252-254) aparecieron por debajo de unas ofrendas de la fase Guañoma (figura 11). Varias ofrendas Felisa también fueron intrusivas entre el mismo relleno Dzewa o cortando los pisos rotos de las series III a I (figura 11). La serie de tres pisos se perdió por completo a corta distancia dentro del área del pozo 17.

Al mismo nivel del pozo 5, en el 17, aparecieron tres grupos de hachas de piedra bastante separadas entre sí (ofrendas 62, 66 y 69), así como el entierro 44 que también contenía hachas. Todas estas ofrendas fueron intrusivas a través de los mismos pisos de las series III-I y no apareció ningún piso intacto encima de ellas. Con excepción de la ofrenda del entierro 44, en el pozo 17 no se encontraron grandes grupos compactos de hachas de la fase Dzewa. Concluimos que las ofrendas Dzewa fueron solamente colocadas muy cerca y a lo largo de una línea central de ofrendas, orientadas aproximadamente de este-oeste, tal como se comprobó en los pozos 20 y 27.

Los mejores ejemplos de tiestos de la fase Cacahuanó A provienen de depósitos ubicados en el subsuelo, abajo de la serie I de pisos (figura 11).

Pozo 20

El pozo 20 fue excavado diez metros al este de y en línea con la orilla sur del pozo 5 (figuras 8 y 12) para buscar la continuación del aparente eje de ofrendas de hachas de la fase Dzewa. Después de atravesar un muro de cantos rodados y una ofrenda Guañoma, se descubrió en el primer metro, debajo de la superficie en la sección central 'C' de la larga trinchera la ofrenda 65, con más de 45 hachas de toba (realmente seudohachas como se verá más adelante). Por debajo de

32

Figura 11. Lado oeste entero del pozo 17, en donde se muestran las orillas de los pisos Cacahuanó I, II y III destruidos por las ofrendas intrusivas de las fases Dzewa y Felisa. Los platitos vistos arriba restan de la ofrenda 15 de la fase Guañoma. La urna fragmentada en el centro es la ofrenda 86 (Felisa). Para estudiar el lado derecho de la sección, véase la figura 10.

ésta se encontró la ofrenda 77, un grupo de tres tecomates y 21 hachas. Al mismo nivel, en la sección 'D' del pozo 20 (figura 12), apareció la ofrenda 85 con 23 seudohachas. En las secciones 'A' y 'B' del mismo pozo, al norte, a una profundidad de 1.40 metros los depósitos estaban intactos y allí se recuperaron solamente tiestos representativos de las fases Cacahuanó A y B.

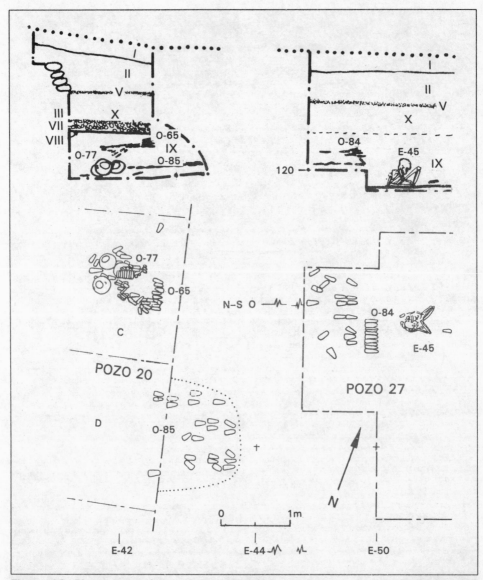

Figura 12. Planta y secciones de las ofrendas y entierro de la fase Dzewa en los pozos 20 y 27 en la plataforma frontal del montículo 20 (figura 8). Los pisos dibujados estaban en el perfil de los muros del pozo y no pasaban encima de las ofrendas. Para la clave de los números romanos, véase la figura 13. Dibujos de Eduardo Martínez E.

Pozo 27

El alineamiento axial de ofrendas de hachas fue confirmado en el pozo 27, excavado, apresuradamente, seis metros al este del pozo 20 (figuras 8, 12). La ofrenda 84 y el entierro 45 fueron hallados, aproximadamente, a dos metros debajo de la superficie e indicaban que la ocupación Dzewa al menos continuaba a lo largo de la plata-

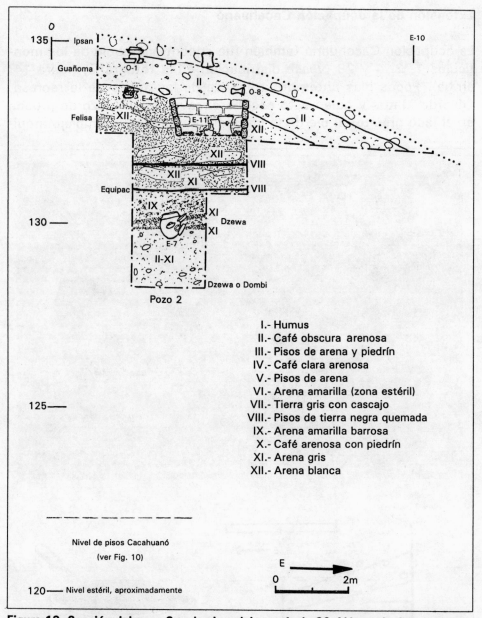

I.- Humus
II.- Café obscura arenosa
III.- Pisos de arena y piedrín
IV.- Café clara arenosa
V.- Pisos de arena
VI.- Arena amarilla (zona estéril)
VII.- Tierra gris con cascajo
VIII.- Pisos de tierra negra quemada
IX.- Arena amarilla barrosa
X.- Café arenosa con piedrín
XI.- Arena gris
XII.- Arena blanca

Figura 13. Sección del pozo 2 en la cima del montículo 20. Véase niveles en el pozo 5, figura 10, para la base de la pirámide. Los objetos de los entierros 7 y 4 están ilustrados por Lowe, 1981, figuras 16-19; la tumba E. 11, está en preparación. Dibujo de Eduardo martínez.

forma que se extiende hacia el este del montículo 20. No se hicieron otros sondeos sobre esta línea central más allá del pozo 27, pero la cerámica Cacahuanó también fue abundante en los niveles inferiores abajo de los montículos 2 y 4 en línea recta al oriente.

Extensión de la ocupación Cacahuanó

La ocupación Cacahuanó también fue encontrada abajo de los montículos 1, 2, 4 y 29 (véase distribución en la fotografía, figura 14, arriba). Pocos días antes de la llegada de las aguas de la represa, Eduardo Matos y quien esto escribe excavamos un pozo de prueba en el lado oriente, al pie de la plataforma mayor del complejo arqui-

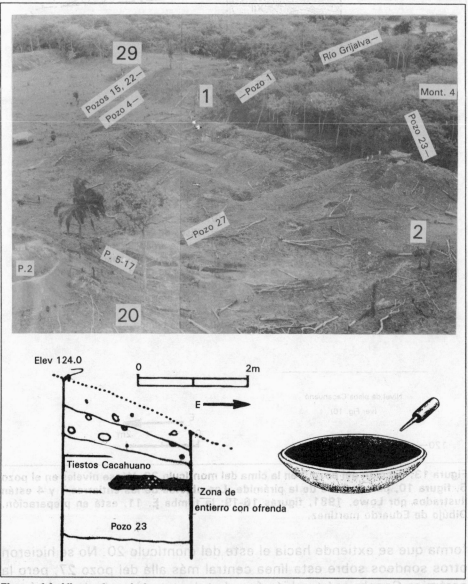

Figura 14. Vista aérea de las excavaciones en los montículos 1, 2, 20 y 29. Arriba, todos los pozos indicados alcanzaron materiales de las fases Cacahuanó, Dombi o Dzewa. Abajo, corte del pozo 23 en el montículo 2, lado este, con dibujos idealizados del perforador de jade y plato rojo encontrados con el entierro intrusivo; fase Dombi o Dzewa.

tectónico llamado montículo 2 (el del juego de pelota doble, véase Matos M., 1966a). El pozo 23, abajo de las capas de humus, cruzó una ofrenda masiva de vasijas burdas pertenecientes a la fase Guañoma, del Preclásico Tardío. Inmediatamente abajo de esta ofrenda intrusiva, en el lado norte del pozo, apareció un entierro olmeca (figura 14, abajo), con un plato ancho hemisférico con su interior pintado de rojo. También acompañando al entierro (sin restos óseos), se halló un perforador de jade, estilo La Venta y otros objetos. Al parecer este entierro fue intrusivo de las fases Dombi o Dzewa y penetró una zona de ocupación o construcción Cacahuanó. En los niveles 1.40 a dos metros, recogimos 15 bordes de vasijas de este complejo, incluyendo ejemplos del Calzadas Grabada, negro-blanco y blanco. El pozo 23 fue localizado aproximadamente sobre la línea de eje, corriendo al oriente desde el montículo 20, y en línea con el centro del montículo 4.

El pozo de prueba 31 fue excavado al pie poniente del montículo 4, encontrando un ofrenda de la fase Felisa a los 100 centímetros, punto en el cual cesaron las excavaciones (Lee, 1974b:33-34). Días antes de la llegada de las aguas de la represa, este pozo fue excavado hacia abajo hasta el nivel estéril, a los 2.40 metros. Los tiestos de las capas entre 1.60 y 2.40 metros (36 bordes) pertenecen a la fase Cacahuanó. Como dice Lee (1974b:34): "La excavación intensiva de la zona entre los montículos 4 y 20, sin duda, hubiera triplicado nuestros conocimientos acerca de la cultura relacionada con los olmecas tempranos. El pozo 31 sugiere que la actividad olmeca se extendía más allá del montículo 4, al acercarse al banco del río Grijalva, como era de esperar."

El pozo de prueba 1 se excavó al pie sur del montículo 1, y éste también produjo 16 bordes de tiestos Cacahuanó entre los niveles 5 a 9 (0.80 a 1.80 metros). Cuatro pedazos de bajareque planos también salieron de la capa 9. El pozo 4, al lado oeste del montículo 1, solamente tuvo tiestos Cacahuanó en los niveles 1.85 a 2.45 metros.

Al fondo del gran montículo 1 se extienden al norte dos pequeñas plataformas de la estructura; sobre el más occidental de estos cerritos, nombrado montículo 29, se hicieron dos pozos trincheras, el 15, al lado sur, y el 22 en medio (véase figura 7 abajo y vista, figura 14 arriba). Ambas excavaciones contenían solamente tiestos de la fase Cacahuanó en las capas 11 a 15 (dos a tres metros), que indicaban una ocupación Cacahuanó de 80 a 100 centímetros de grosor. Las evidencias de los montículos 1 y 29, un sólo complejo Preclásico, indican que la ocupación Cacahuanó de los olmecas tempranos sí llegó a la orilla del río Grijalva, pero sobre terrenos un poco alejados del curso actual de éste.

Vemos así que los olmecas tempranos de la fase Cacahuanó ocuparon un área mínima de unos 300 por 250 metros, o sea 7.5 hectáreas; sin embargo es casi seguro que esta ocupación se hubiera extendido también sobre la parte sur de la zona y, posiblemente, también sobre alguna de las lomas, como era costumbre de los olmecas. Además, es evidente que el eje axial de los olmecas de las fases siguientes tuviera como punto focal el cerro y plataforma nombrado montículo 16 (figura 5), y esta orientación fácilmente funcionó ya en tiempos Cacahuanó.

Cerámica de la fase Cacahuanó A

La colección de cerámica Cacahuanó A, la más temprana identificada para San Isidro, proviene en su mayoría de los niveles inferiores del pozo 17, a una profundidad de cuatro a 4.6 metros, bajo el nivel de los pisos de la serie I (véase zona inferior en la figura 11).

Los tipos de cerámica de este complejo (figuras 15, 16) incluyen cajetes y otros cuencos de superficie pulida en color crema con interiores o bordes rojos pintados con hematita especular, vasos y platos pulidos en color blanco y/o blanco-negro, recipientes en forma de tecomates, cuerpos de ollas acanaladas en rojo y blanco y una pierna de figurilla hueca tipo olmeca. Este peculiar lote de tiestos se encuentra en buenas condiciones, lo que es inusual si se considera que esta área del Grijalva medio es extremadamente húmeda, además de que proviene de una época temprana, cuya ocupación no fue perturbada, subyace en la plataforma más antigua del montículo 20. Esta manifestación de cerámica inicial de San Isidro casi podría ubicarse con el horizonte Chicharras de San Lorenzo, debido a la presencia de ciertos tipos de complejos que son similares en ambos sitios, pero los datos respectivos no justifican postular este paralelismo. Dos tiestos del tipo Calzadas Grabado (figura 16 k-l) aparecieron en el pozo 17-sub, el depósito más profundo de todos, y éste es típico de la fase San Lorenzo y no de Chicharras.

Es posible que la serie I de pisos expuestos por los pozos 5 y 17 del montículo 20 sean de la fase Cacahuanó A. La situación encontrada en ambas excavaciones fue totalmente perturbada por las ofrendas Dzewa intrusivas. Sin embargo la escasa cerámica procedente de las zonas no intrusivas, ubicadas abajo de los 3.40 metros en el pozo 5 y los pocos fragmentos que se hallaron en los depósitos no alterados bajo el nivel de los pisos de la serie del pozo 17 parece ser compatible con el complejo cerámico Cacahuanó A. Algunos autores afirman que hay una gran continuidad de los tipos cerámicos Chicharras en la fase San Lorenzo (Coe, 1970, 1981; Coe y Diehl, 1980). La construcción de plataformas y terrazas fue característica de las fases San Lorenzo y Chicharras en San Lorenzo y aparentemente comenzó desde la fase Bajío, antes de 1350 a.C. (Coe 1968:45; 1981:124; Coe y Diehl, 1980).

Figura 15. Cerámica de la fase Cacahuanó A, pozos 5 y 17, niveles más profundos.
a-e, vasos con baño blanco pulido; d tiene labio rojo y pasta rojiza. f-i, platos y
vaso negro-y-blanco; j, pie y pierna de figurilla hueca, blanca ahumada, k, plato
gris, pasta fina; l-v, rojo especular y crema pulido, varias formas; p es tecomate
miniatura sin acabado; q puede ser cuerpo de botellón; t es interior de vasija con
boca cerrada.

Cultura de la fase Cacahuanó B

La ocupación de San Isidro durante el horizonte olmeca temprano
de San Lorenzo se hizo evidente debido a una amplia distribución de

39

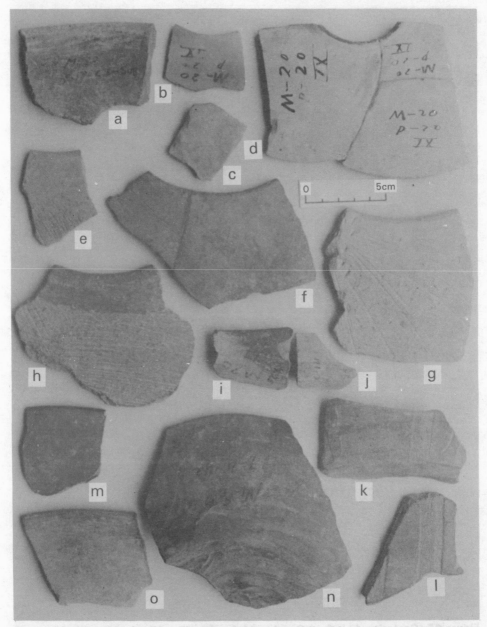

Figura 16. Cerámica de la fase Cacahuanó A, pozos 17 y 20, niveles más profundos. a, plato café y blanco. b-d, blanco con borde rojo; e-h, tecomates cepillados; i-j, platos recurvados negro-y-blanco; j es de pasta fina con protuberancia, k-l, Calzadas grabado; k es oxidado; m-n, negro pulido; o, plato de brasero, cepillado.

cerámica de la fase Cacahuanó B y por la aparición de un peculiar metate de dos soportes. En el montículo 20, particularmente, la distribución de estos artefactos está bastante relacionado con el desarrollo arquitectónico. A continuación se presentan detalles de la cultura material.

40

La arquitectura

Existe poca información definitiva acerca del desarrollo arquitectónico de la fase Cacahuanó B en San Isidro. Como se observa en las secciones de los pozos 5 y 17 (figura 10), los pisos de las series I y II parecen representar el comienzo de la actividad constructiva en el montículo 20. Estos pisos de arcilla arenosa o toba cubrían, al parecer, amplias plataformas bajas superpuestas, las cuales tenían un ancho mínimo de nueve metros de norte-sur sino es que mayor. Aunque en parte podrían ser ligeramente anteriores, como se supuso antes, estas plataformas no pueden ser posteriores a la fase Cacahuanó B.

En los pozos 5 y 17, los pisos de las series I, II y III, se encontraron cortados por pozos excavados antiguamente para enterrar un gran número de ofrendas Dzewa (figuras 10 y 12). Debido a la mala condición en que se encontraron, es poco lo que podemos decir acerca de la supuesta extensión o límites orientales de estos pisos arquitectónicos. Sin embargo, parece que los pisos de la serie II continuaban hacia el este a más de 25 metros, cruzando el área sondeada por los pozos 20 y 27 (figura 12); los pisos dibujados en los perfiles de la figura 12 proceden de una sección ubicada al norte de las ofrendas y no encima de ellas.

Considerando una probable extensión al oeste, la naturaleza casi intacta de los pisos que se extienden bajo el montículo 20 en el perfil de la pared oeste de los pozos 5 y 17 indica que sus respectivas plataformas continuaban en aquella dirección a una distancia indefinida (figuras 9-11). Es seguro que dentro del núcleo de la pirámide del montículo 20 hubieron detalles arquitectónicos adicionales, incluyendo más terrazas Cacahuanó B. Desafortunadamente, fue imposible realizar sondeos más profundos en su interior antes de que fuera cubierta por las aguas. Menos justificado, tal vez, fue el hecho de que no se realizaran excavaciones en el lado oeste de la base del montículo para buscar la continuación de los depósitos o construcciones olmecas tempranas en aquella dirección.

Según las apariencias, existía una gran plataforma plana, de más de 300 metros cuadrados (10 x 30) que fue conservada durante la fase Cacahuanó B en el lugar donde pronto se levantaría la pirámide del montículo 20. La plataforma, que pensamos tuvo un carácter ceremonial, fue remodelada al menos dos veces, cubriéndola finalmente con pisos de barro y ceniza volcánica blanca; partes de ellos fueron quemados subsecuentemente. La construcción parece haber nivelado una elevación natural que cruza la amplia terraza del río ocupada por población temprana.

41

La cerámica

Había más de 400 bordes de la fase Cacahuanó B en San Isidro. La cerámica ahumada negra incisa y raspada de este lugar (figuras 17, 18 k-m, q-v) es el rasgo más determinante de la fase. En San Lorenzo el tipo de cerámica paralelo, llamado "Calzadas Carved" o grabado, es uno de los dos "marcadores cerámicos" de la fase San Lorenzo, y típicamente presenta "elementos olmecas comunes, como bandas cruzadas, garra-ala de jaguar, cejas flamígeras y mandíbulas de serpientes de fuego" (Coe, 1981:128); estos motivos son raros en San Isidro pero están presentes en Mirador (Agrinier, 1984, figuras 39-40). Otros tiestos (figuras 17 w-y, 18 n-p) corresponden al segundo "marcador cerámico" de San Lorenzo, el tipo "Limón grabado-inciso". Las formas, color y cocción son similares a los de "Calzadas grabado", pero los diseños incisos están casi restringidos a las volutas opuestas, conocidas como el motivo *ilhuitl* (Coe, 1981, figura 5.8; Coe y Diehl, 1980).

También se encontró cerámica de la fase Cacahuanó B en los niveles inferiores de los pozos 22 y 15 en el montículo 29; los ejemplos incluyen tecomates incisos con engobe rojo (figura 19 a-i) del tipo Tatagapa rojo-inciso de San Lorenzo (Coe y Diehl, 1980), y similar a un tipo Cotorra o Chiapa I en Chiapa de Corzo (Dixon, 1959:16, figura 52 g-k, p y q). Un tepalcate negro proveniente de un nivel más bajo del pozo 22 (figura 17 g) presenta una decoración falsa de mecedora o *rocker-stamping*; esta técnica ha sido descrita como "realmente incisa en vez de estampada" (Coe, 1970). Otros tipos en las figuras 18 y 19 incluyen negro, gris y blanco pulidos, rojo de hematita y tecomates cepillados sin engobe (algunas con impresiones de dedos interiores, figura 19 q, r, u).

Suponemos que San Isidro experimentó un largo y quizás ininterrumpido desarrollo, por lo menos durante todo el periodo de ocupación de las fases San Lorenzo A y B en aquella capital olmeca de Veracruz y hasta la caída o decadencia de ella entre 1000 y 900 a.C. Parece que también hubo una desocupación breve de San Isidro al final de la fase Cacahuanó B. Los olmecas del Preclásico Medio, fase Dombi, surgieron un poco después y, en la siguiente fase local, Dzewa, agredieron sin ningún reparo las antiguas plataformas Cacahuanó para colocar sus propias ofrendas. No podemos, sin embargo, suponer un abandono prolongado, pues las elaboradas ofrendas Dzewa eran de cierto tipo y de un modo lineal de distribución conocidas en las plataformas del complejo A del sitio de La Venta cuya construcción se empezó poco después del horizonte San Lorenzo.

La riqueza y diversidad de la muestra de cerámica Cacahuanó u olmeca temprana de San Isidro, aunque pequeña, sugiere una sofisti-

Figura 17. Cerámica de la fase Cacahuanó B, de varios pozos. Calzadas grabado y Limón inciso, negro pulido con quema variada. a-f, zonas rayadas; d-e llevan hematita roja en los diseños. g, negro pulido con incisiones seudomecedora; h, cafesuzca con hematita roja en las incisiones. i-o, el símbolo 'S' en columnas verticales; p-v, raspado normal estilo olmeca; v es rojo y blanco. w-y, Limón inciso (véase también figura 18 n-p); w tiene su interior blanco y negro, borde pintado blanco, exterior oxidado.

cación cultural igual o superior a cualquiera de las fases que le siguieron en el sitio. Es realmente lamentable la imposibilidad de investigar más a fondo las plataformas parcialmente intactas debajo del montículo 20 de esta época.

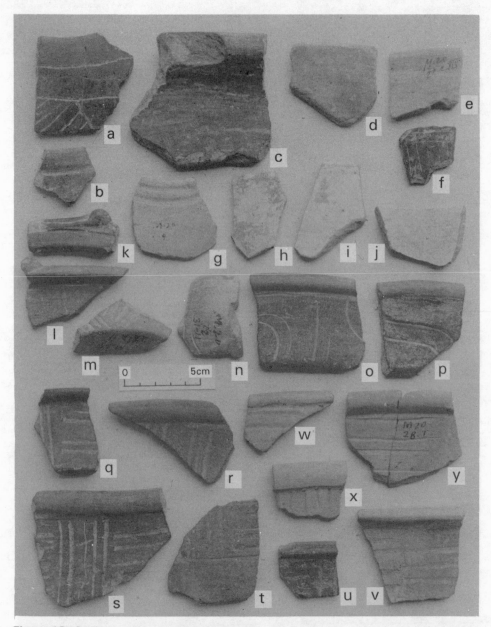

Figura 18. Cerámica de la fase Cacahuanó B, varios pozos; a-b, negro pulido inciso; c-e, gris pulido acanalado; c y d incisiones finas; g-j, blanco pulido sobre pasta rojiza. k-l, Calzadas grabado, bordes evertidos con protuberancias; m, gris acanalado; n-p, Limón inciso; q-y, Calzadas grabado, platos y vasos del variante con rectilíneas excisas; u es gris claro con rojo en las raspaduras; w-y son oxidados al color naranja en el exterior pero ahumada blanco y negro en el interior.

La lítica pulida

El único artefacto lítico de San Isidro con una segura afiliación Cacahuanó es un metate de dos soportes (figura 20 arriba). Este metate,

Figura 19. Cerámica de la fase Cacahuanó B, pozos 15, 20, 22 y otros; a-i, Tatagapa rojo inciso; j, Tilapa rojo-sobre-blanco; k, café pulido; l-o, rojo especular; m es tecomate miniatura; o es olla con huella de un cuello. p, tecomate cepillado con parte bruñida; q-x, tecomates cepillados sin pulir; q y u llevan impresiones de dedos empujados desde el interior. y, plato con borde aserrado; z, gris acanalado y ahumado. aa-dd, platos ahumados con borde o cuerpo blanco; aa es blanco pulido, los demás tienen engobe blanco.

poco usual, de un tipo hasta entonces desconocido en Chiapas, fue encontrado dentro del relleno de piedra suelta, al interior de un pequeño pozo excavado antiguamente en el área estéril situada en la esquina sureste del pozo 5 (véase corte seccional, figura 10). A pesar de su

45

Figura 20. Piedra pulida de la fase Cacahuanó; a, medio metate basáltico con dos soportes, del pozo 5, nivel profundo (véase figura 10); b, escultura basáltica de felino sin cabeza, de San Isidro (Navarrete, Lee y Silva Rhoads, 1993, figura 1); c, felino con la cara estilizada, de El Azazúl, San Lorenzo, Veracruz. Dibujo de Ayax Moreno basado en fotografía de Leon Reinhart.

rareza en Chiapas, Coe (1970:27) ha identificado los metates de "dos patas" como innovaciones dentro de la fase Chicharras de San Lorenzo, y para la fase San Lorenzo afirma que "los metates con dos patas [...] son característicos" (véase también Coe y Diehl, 1980, figura 214).

Los metates de dos soportes aparentemente quedaron fuera de uso después de la época San Lorenzo. Su aparición en San Isidro representa una evidencia adicional para postular la existencia de una cultura material contemporánea y bastante similar en los sitios del río Coatzacoalcos y del Grijalva medio durante los horizontes Chicharras y/o San Lorenzo. El fragmento de metate de San Isidro es de roca basáltica gruesa y se encuentra extraordinariamente bien tallado en una forma casi simétrica; la otra mitad de este artefacto de molienda no se encontró, pero inferimos que se apoyaba directamente sobre la superficie, sin soporte, según indican los ejemplares completos de otros sitios.

Es de mucho interés notar que los metates tempranos con dos soportes también se presentan en la fase Cuadros en la zona de Mazatán, en el Soconusco, costa del Pacífico de Chiapas (Clark y Blake, 1989). También se han visto en La Venta (museo de la zona).

Hasta donde sabemos, San Isidro carece de evidentes obras de ingeniería y de escultura en piedra de estilo olmeca, con la excepción de una escultura de felino, sentada, sin cabeza, de 82 centímetros, con garras y parte de collar (Navarrete, Lee y Silva Rhoads, 1993:18, figura 9); esta figura es casi idéntica a los dos felinos encontrados recientemente en El Azuzul, San Lorenzo (Cyphers Guillén, 1995, figuras 18, 19 y 20b).

Los olmecas del Preclásico Medio en San Isidro

El Preclásico o "Formativo" Medio en San Isidro incluye las fases culturales Dombi, Dzewa, Equipac y Felisa (cuadro 1). A nuestro parecer, estas fases fueron más o menos contemporáneas con las fases paralelas I a IV de La Venta en su época del complejo A (el grupo de montículos al norte de la gran pirámide), fechado entre 900 y 400 a.C. según Drucker, Heizer y Squier (1959). En el presente trabajo, solamente nos ocuparemos de las fases Dombi y Dzewa, aproximadamente contemporáneas de las fases I, II y tal vez III de La Venta complejo A. Este periodo u "horizonte cultural" se ha descrito en otro lado como el de los "olmecas intermedios" (Lowe, 1989a).

Supuestamente las fases Equipac y Felisa de San Isidro se relacionan con los "olmecas terminales" de la fase IV de La Venta Complejo A (Lowe, 1989a). Thomas A. Lee (1974b: 9-11, 23, 26-31, 37-45) ha descrito los entierros, ofrendas y estructuras de la fase Felisa en el montículo 4 de San Isidro (las ocupaciones más tempranas encontradas abajo de la gran plataforma Felisa no fueron investigadas por falta de tiempo). Los detalles de las ocupaciones Equipac y Felisa en el montículo 20 (Lowe, 1981, 1989b) y de los montículos 1 y 29 de San Isidro serán publicados en un informe próximo que preparará Lowe. Se piensa que durante esta época de los olmecas terminales de La Venta (tal vez 600-300 a.C.) había en el occidente de Chiapas culturas ya merecedoras de ser identificadas como las de los zoques del Preclásico Medio (que difícilmente podrían ser reconocidos como "olmecas terminales sureños"). Este tema requiere de una discusión por separado.

Los olmecas intermedios en San Isidro

Nuestro conocimiento de las culturas del Preclásico Medio en San Isidro procede de los montículos 1, 4, 20 y 29. Las primeras fases, Dombi y Dzewa, paralelas con los olmecas intermedios de La Venta, se basan en los tiestos encontrados dentro del relleno de los montículos 20 y 29 y, sobre todo, en las ofrendas intrusivas de cerámica y objetos de piedra pulida halladas en los pozos 5, 17, 20 y 27 excavados frente del montículo 20. También contamos con algunas evidencias estructurales tempranas del montículo 20. Asimismo aparecieron zonas con buena representación de la segunda mitad del Preclásico Medio en los montículos 1, 4 y 29. Los montículos 1 y 4 cubrían plataformas tipo "acrópolis" de 10 y ocho metros de alto, respectivamente, pertenecientes a la fase Felisa; seguramente sus centros o núcleos consistieron en plataformas menores de las fases Equipac y Dzewa, como sucede en el montículo 20. Las pirámides 5 y 10 de San Isidro (figura 5), también con más de 10 metros de altura, quedaron sin explorar pero probablemente tuvieron su propia secuencia de desarrollo desde el Preclásico Medio.

La fase Dombi

A lo largo de la costa del Pacífico en Chiapas y Guatemala y en todas las regiones de la Depresión Central surgió la fase llamada Jocotal, transicional entre el Preclásico Temprano y el Preclásico Medio, que abarcó dos siglos, entre 1000 y 800 a.C., más o menos (Coe y Flannery, 1967; Ekholm, 1969; Pailles, 1980:86-88; Lesure, 1993:212-213, figuras 3-6). La fase Jocotal adquirió nombres locales en varias regiones de Chiapas, pero no la encontramos en San Isidro. Suponemos, por ende, que hubo un breve abandono del Grijalva medio en este momento y que este notorio estancamiento es similar al que ocurrió durante el abandono de San Lorenzo uno o dos siglos después de 1000 a.C. (Coe y Diehl, 1980; Coe, 1981). La siguiente ocupación en San Lorenzo se llama fase Nacaste y en San Isidro la fase que aproximadamente corresponde a ésta la llamamos Dombi (cuadro 1). La cerámica de la fase Dombi se relaciona con la fase Dilí o Chiapa II de la Depresión Central (Dixon, 1959: 19-36).

La fase Dombi es algo endeble en San Isidro, con solamente 7.5 por ciento (105) de los tiestos preclásicos guardados de la zona. Muchos de éstos surgieron de los rellenos de las plataformas Dzewa y Equipac en los montículos 1, 20 y 29. Solamente en la orilla del montículo 29 (pozo 15) encontramos material Dombi sin mezcla de tiestos Dzewa y Equipac y allí hubo más de un metro de depósito puro de la fase Cacahuanó B, abajo de la Dombi. Como es lógico, los tempranos habitantes de San Isidro prefirieron las zonas cercanas al río para sus viviendas.

Como ya se vio en "cronología preclásica" en el sitio El Laurel, sobre el río Totopac frente a San Isidro, la fase Dombi dominó los niveles inferiores del pozo 1. Los tecomates sencillos con filas de

Figura 21. Cerámica de la fase Dombi, varios pozos; a-e, tecomates lisos, café y gris, con bordes impresos; c-e llevan estampas triangulares y e tiene, además, estampas de caña; f, tecomate café pulido inciso; g, agarradero de tecomate. h-i, bandas pellizcadas; j-l, vasos y plato negro-y-blanco; m-u, platos de pasta gris y engobe d__ blanco pulido; q-r tienen diseños excisos estilo olmeca; v-z, Tonalá blanco inciso, pasta gris o rojiza; engobe es suave y polvoso.

triangulitos impresos (figura 21 c-e) son típicos de este tiempo y también son conocidos en la zona de Angostura sobre el alto Grijalva. Algunos de los tecomates tuvieron asas en sus hombros, a veces perforadas, otro rasgo típico de Chiapa II. Aparte de los tecomates

51

la cerámica más común de la fase Dombi tiene un acabado blanco sobre pastas grises o rojizas, frecuentemente con líneas incisas sobre los labios interiores de platos (figura 21 j-z). También florecieron diseños raspados, estilo olmeca (figura 21 q-r). Esta clase general de cerámica tiene una amplia distribución en Mesoamérica. La cerámica Nacaste de San Lorenzo también favorece el blanco y el negro, pero las formas, sobre todo de los bordes, muestran más elegancia. Así, inferimos que la muestra Dombi en San Isidro es demasiado pequeña para permitir comparaciones detalladas; pero en general encaja bien dentro del horizonte estilístico que marca el principio del Preclásico Medio.

Dos vasijas de la fase Dombi emergieron de una ofrenda que estaba debajo de una estructura en el sitio de San Antonio, sobre el río La Venta, a 40 kilómetros al oeste de San Isidro (Agrinier, 1969, figura 60). No se conoce, por cierto, ninguna estructura Dombi en San Isidro, pero probablemente habían aisladas plataformas bajas hechas con piedras del río y barro, tal como se conocen en otras regiones. Pudo haber existido una plataforma Dombi más elevada adentro del montículo 20, en medio de las construcciones Cacahuanó y Dzewa.

La fase Dzewa

La fase Dzewa en San Isidro es de reciente definición, pero corresponde aproximadamente al complejo "Vistahermosa" de Mirador como se ha indicado anteriormente (Lowe, 1978, figura 11.8). En San Isidro, la evolución del complejo Dzewa es problemática; en comparación, la situación estratigráfica está mejor conservada en El Laurel sobre el río Totopac (Lee, 1974b:6). En este último sitio, en el pozo 1, encontramos varios niveles de material puramente Dzewa arriba de las capas Dombi y abajo de una zona con tiestos Equipac.[1] Al parecer, en la parte inferior de la plataforma principal de El Laurel había una serie de estructuras bajas de las fases Equipac y Felisa, sobrepuestas encima de un área de ocupación Dzewa, Dombi y Cacahuanó.

La cerámica del complejo Dzewa se observa en las figuras 22 y 23. Las formas más típicas incluyen tecomates lisos y sencillos, con agarraderas delgadas, y ollas con cuellos bajos y pequeños. Hay una nueva cerámica gruesa y blancuzca con interiores bien pulidos (véase figura 23 a-d, Tzan Acanalado) y otra similar pero parduzca (véase figura 23 e-i, Llomo Jaspeado). Éstos son tipos de Mirador (Agrinier, en preparación). Otra cerámica común es el acabado en blanco de la

---

[1] Este material se encuentra en la bodega de la Fundación Arqueológica Nuevo Mundo, en San Cristóbal de las Casas.

Figura 22. Cerámica de la fase Dzewa, varios pozos; a-d, tecomates café lisos (véase también figuras 36); las perforaciones son para amarrar una tapa o para colgar la olla; e-h, cuellos y seudocuellos bajitos de ollas café sin pulir o blancas; i-j, agarraderas de ollas de bajo cuello; k, agarradero de tecomate tardío, con impresiones alargadas; l-m, cuellos de ollas blancas; n, Tacúb inciso, plato compuesto con borde pintado blanco, interior rojo; o-p, platos con fondos planos y bordes inciso, pasta fina negra. q, base de brasero anular, café pulido; r, plato de pasta fina ahumada con cuerpo punteado, s-v, vasos pequeños con engobe crema pulido e incisiones geométricas muy finas.

Figura 23. Cerámica de la fase Dzewa, varios pozos a-d, platos grandes, Dzan acanalado; pasta gruesa, acabado blancuzco y pulido en el interior; e-i, Llomo jaspeado café, platos y vasos; una u otra superficie están bruñidas; j-t, Nascano rojo-sobre-blanco, tecomates, vaso y platos; el rojo está a veces muy erosionado.

fase Dombi pero más dura y con pastas finas negras; las formas comunes de platos con fondo plano e incisiones alrededor del borde interior han cambiado muy poco (figura 22 o, p). También hay otra clase de cerámica blancuzca, el Nascano rojo y blanco, muchas veces ahumada y con bordes pintados con un rojo encendido (figura 23 j-t); la silueta compuesta es ahora más común. Las pocas vasijas sepultadas con los entierros y ofrendas de esta fase fueron platos y tecomates sencillos de una pasta algo burda, café o negruzca (figuras 24, 32, 36).

La fase Dzewa fue la última ocupación de San Isidro a dar prioridad al uso del tecomate. Aún en esta fase y paralelamente en muchas otras regiones de Chiapas hubo una época plena de desarrollo transicional entre el tecomate y la olla con cuello, culminando una tendencia ya aparente en las fases Dombi y Dilí. El tecomate empieza a mostrar su borde bocal alargado por arriba, primeramente alcanzando la forma llamada "seudocuello" y finalmente formando verdaderos cuellos cortos o bajos, llegando a ser así las ollas, y no los tecomates las vasijas más utilizadas en la vida diaria. El tecomate junto con las ollas en esta fase también compartieron la banda levantada con pellizcos o impresiones como vimos arriba, la banda siempre uniendo las asas o agarraderas horizontales y sólidas a cada lado de la olla (figura 22 i-k). Estos modelos, curiosamente, no continuaron en la siguiente fase, Equipac.

Así, concluimos que Dzewa (y Vistahermosa o Chiapa II-B en la Depresión Central y la costa del Pacífico en Chiapas) fue una fase muy significativa de transición cultural. Es probable que Dzewa corresponda en tiempo con las fases Xe de los primeros mayas en la zona fronteriza de Guatemala (Willey, 1977:134-138). La generalidad de estudiosos cree que fue en esta época cuando las culturas maya preclásica, olmeca tardía y mixe-zoque iniciaron formalmente el intercambio de modelos cerámicos y probablemente otras costumbres domésticas, siendo temporal la fabricación de la olla con cuello, el recipiente de mayor utilidad, excluyendo al tecomate.

El cambio generalizado en la forma de las ollas típicas utilizadas en el área istmeña, llevado a cabo seguramente antes de 600 a.C., marcó el fin de una tradición tecomatera milenaria en el sureste de México y el norte de Centroamérica (Lowe, 1989b; Clark y Blake, 1989). A pesar del cambio en la forma de sus ollas, los olmecas tardíos y los mixe-zoques preclásicos jamás adoptaron la del modelo de superficie rastrillada ni las asas para cargar, rasgos que son comunes entre las culturas mayas preclásicas. Otra forma de alfarería que terminó en la fase Dzewa fue el brasero o "incensario" en forma de plato con base anular (figura 22 q); estos braseros han sido llamados equivocadamente "asientos de barro" por algunos investigadores (Coe y Diehl, 1980). El brasero de pedestal bajo fue común en el sureste desde el Preclásico Temprano hasta la primera mitad del Preclásico Medio, la era de los olmecas intermedios de La Venta. Después de este periodo, al brasero se le alargó el pedestal y, en la fase subsecuente, Escalera, en San Mateo, lo diseñaron inclusive con efigie humana (Lowe, 1989b). Al parecer, los braseros con espigas, "cuernos" o púas tampoco eran comunes pues lo fueron hasta el horizonte post-Dzewa, tanto en Chiapas como en Guatemala.

La plataforma piramidal del montículo 20

Con base en la cerámica de relleno, se deduce que los dos pisos más inferiores, cortados por el pozo 2 en el montículo 20, formaban la superficie de la cima de una pirámide de la fase Dzewa (figura 13). Estos pisos difícilmente podrían corresponder con el piso superior de la Serie III encontrado en los pozos 5 y 17 (figura 10), por lo que tenemos que suponer la existencia de algunas subplataformas con superficies horizontales y verticales o inclinadas que conectaron o encimaron estos vestigios. La plataforma piramidal de tierra, en apariencia resultante del complejo Dzewa, en todas sus formas, presentaba una altura aproximada de 8.50 metros arriba de las viejas y abandonadas plataformas de la fase Cacahuanó B.

Desafortunadamente no podemos decir mucho acerca de la primera pirámide conocida en San Isidro, pero esta estructura Dzewa del montículo 20, junto con la pirámide Duende del montículo 30a de Izapa, se encuentran entre las pirámides más tempranas con fechamiento definitivo conocida en Mesoamérica (Ekholm, 1969). Cuando menos en parte contemporánea, es la gran pirámide C-1 de La Venta; esta estructura es mucho mayor (30 metros de altura), pero por desgracia su núcleo nunca ha sido excavado ni fechado a pesar de las múltiples opiniones que la consideran como una estructura olmeca, intermedia o tardía (Drucker, Heizer y Squier, 1959: 266-267; Heizer, Drucker y Graham, 1968:11-12; González Lauck, 1988).

En vista de que no encontramos las orillas exteriores de la pirámide Dzewa en el montículo 20, ni de su plataforma frontal, la única clave para definir su orientación es el eje central de ofrendas Dzewa descrito más adelante, el cual señala que la estructura debió estar orientada ligeramente hacia el norte del este. La cima de la pirámide Dzewa fue cubierta muy pronto, al parecer, por un relleno de arcilla arenosa amarillenta de 80 centímetros de espesor; esta capa de arcilla fue recubierta por otra de color café oscuro con un piso duro del mismo material pero arenoso color negro quemado. Antes de completar este piso, se introdujo una urna funeraria de la fase Equipac (entierro 7) dentro de un hoyo intrusivo cortando los antiguos pisos Dzewa (figura 13. Para el entierro 7 véase Lowe, 1981:249, figuras 16-17; 1989b, figuras 8, 9, en preparación).

Como se ha dicho arriba, los dos pisos de la pirámide de la fase Dzewa encontrados en el pozo 2 difícilmente se unían con el piso superior de la serie III descubierta en los pozos 5 y 17. Los varios entierros y ofrendas intrusivos posteriores destruyeron completamente las partes sur y este de los pisos de las series II y III, pero podemos afirmar que uno o ambos estaban conectados con los pisos encontrados en los pozos 20 y 27 en la plataforma frontal del montículo 20 (figura 12). La línea de ofrendas de hachas y entierros que se describe abajo presumiblemente se enterraron abajo de algún piso, pero la intrusión de otras ofrendas en orificios hechos posteriormente deja en entredicho esta cuestión.

Según las apariencias, la plataforma frontal del montículo 20 de la fase Dzewa incluía, al menos, el área de las construcciones precedentes de la fase Cacahuanó B y probablemente la superaba.

Se puede entonces concluir que los olmecas intermedios de San Isidro tenían más interés en realizar sus ofrendas periódicas de hachas que mantener una plataforma funcionando con un piso bien consolidado (debe enfatizarse que no se encontró ningún piso por encima de las ofrendas Dzewa estilo olmeca y que los pisos dibujados en la figura 12, secciones, se registraron en los perfiles de los pozos, más allá de las ofrendas). Es necesario hacer notar, sin embargo, que la total ausencia de pisos superiores frente del montículo 20 se debe no solamente a la gran cantidad de ofrendas intrusivas depositadas allí durante el Preclásico Medio y Tardío, sino también a la acción de las raíces de árboles tropicales durante más de un milenio de abandono de la zona.

Los entierros y ofrendas de la fase Dzewa

Los entierros y ofrendas de la fase Dzewa que proceden del montículo 20 de San Isidro y de su plataforma frontal están localizados en los dibujos de planta de los pozos 5-17, 20 y 27 (figuras 10, 12). Por lo menos una de las ofrendas estaba colocada sobre de otra y, posiblemente, todas se depositaron en distintos momentos; todos los entierros y ofrendas parecen ser intrusivos. También es probable que estuvieran dedicados a ciertas ocasiones más que a diferentes construcciones. Casi todas las ofrendas, con excepción de la 13, incluían cierto número de hachas de piedra que variaba entre 4 y 65 por ofrenda y otras pocas carecían de ellas. Cuatro ofrendas contenían vasijas de cerámica poco lujosas, dos tenían conchas, una de mar trabajada y otra de río. Solamente la ofrenda 11 disponía de ornamentos de jade, un conjunto de cuatro grandes orejeras. Lowe (1981:243-252) reporta estas ofrendas y entierros dentro de la fase Equipac; Dzewa es una nueva distinción cronológica más precisa.

El eje central de las ofrendas

Los objetos recuperados en las ofrendas de la fase Dzewa en el montículo 20 se describen en orden de aparición, primero por entierro y luego por ofrenda sin huesos (para procedencias véase figuras 10 y 12). Se observa claramente que los entierros y ofrendas de la fase Dzewa se concentraban a lo largo de una línea central o eje que se alinea rectamente desde la ofrenda 14 en el oeste hasta cruzar el entierro 45 en el este; el eje de ofrendas seguía hasta el oriente del montículo 2 (véase capítulo 2 y la figura 14). El carácter olmeca de La Venta de este patrón de ofrendas de hachas es señalado por Drucker (1952, Pl.13), Bernal (1969:39-40) y Drucker, Heizer y Squier (1959:133-187, figuras 32-35, 46-51, láminas 23-25).

Entierro 9

Localización

En la esquina sureste del pozo 5, a una altura de 120.35 metros, y justo bajo el nivel del segmento blanco de los pisos de la serie I (completamente ausentes en esta sección del pozo), el entierro fue introducido directamente sobre el eje central.

Descripción

Aparentemente se trataba de un infante sedente, muy mal conservado, enterrado en un pozo, con sólo unos fragmentos de huesos largos y del cráneo reconocibles (figura 24 arriba). El entierro estaba rodeado de hachas y seudohachas, algunas paradas; también contenía una sola vasija de cerámica. El cuerpo parecía estar orientado hacia el este. Las hachas no mostraban ningún alineamiento preferente y, en este sentido, son casi únicas entre las ofrendas de este horizonte; considerando que fueron perturbadas por la presión de la tierra y durante la limpieza, es posible que todas, o la mayoría, se hubiesen depositado originalmente con el filo hacia arriba.

Contenido

Cerámica. A un lado del entierro se encontró muy roto un cajete monocromo color café, de fondo plano con las paredes destruidas (figura 26 abajo). El cajete estaba mal cocido y se desintegró al removerlo. Era similar a los que, más adelante, se describen para la ofrenda 13 (figura 32).

Hachas. Veintiún "hachas" de piedra acompañaban el entierro 9 (figura 25), de las cuales tres pueden ser descritas propiamente como hachas arqueológicas, mientras que las otras se calificarían, aparentemente (Drucker, Heizer y Squier, 1959:135-137), como "seudohachas". Estas hachas burdas son típicas de San Isidro, pero en La Venta fueron raras. Parecen haber sido hachas simbólicas más que funcionales. De los cientos de hachas ofrendadas en La Venta, sólo dos en la ofrenda número 2-A parecen ser similares a las que se encontraron en San Isidro y son descritas como elípticas y de sección rectangular: "Estas dos muestras están fabricadas con un material poco usual; no obstante que se deterioraron bastante después de que fueron depositadas, es evidente que nunca se usaron como herramientas" (Drucker, Heizer y Squier, 1959:146, Tabla 3). Nosotros

60

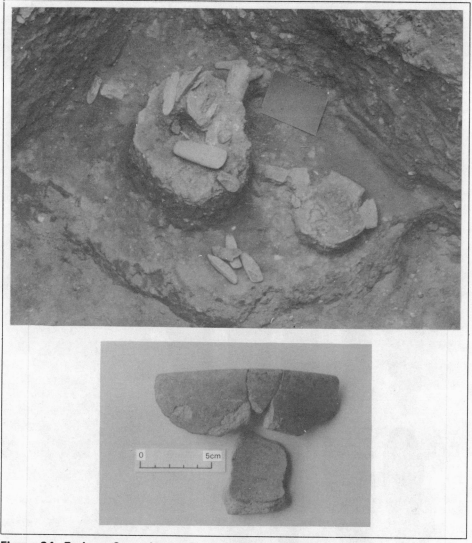

Figura 24. Entierro 9 en el pozo 5 y fragmento del plato.

podríamos concluir lo mismo en relación con la mayoría de las hachas de las ofrendas del horizonte de La Venta (fase Dzewa) en San Isidro. Éstas presentan la forma general de un hacha y casi siempre es posible distinguir la base de la punta. La punta está normalmente algo afilada, con un perfil redondo. Se hallan planos de desgaste en numerosos ejemplos. Las superficies son suaves, de grano fino, porosas, de color gris-ocre claro, mientras que los centros expuestos (por ruptura) pueden ser gris oscuro y más duros; no se distinguen estratos. Los objetos parecen haber sido elaborados con rapidez a partir de una toba fina (ceniza volcánica consolidada) que era muy fácil de trabajar. Once de las seudohachas del entierro 9 tenían la punta afilada y siete son muy chatas o mal redondeadas.

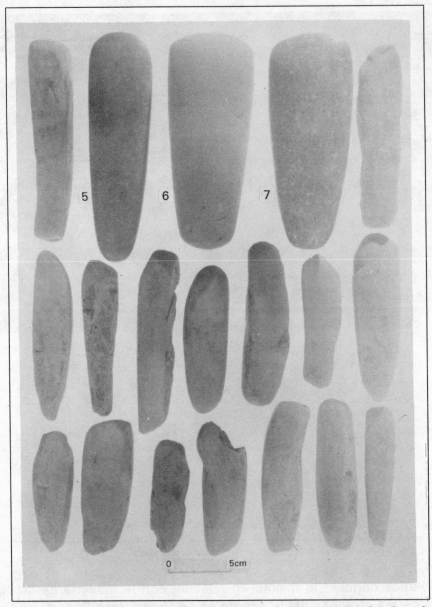

Figura 25. Hachas y seudohachas del entierro 9. Los tres cinceles de arriba, al centro, corresponden a los números 5, 6 y 7.

Las hachas 5, 6 y 7 (figura 25) son verdaderas hachas a la manera de La Venta (Drucker, Heizer y Squier, 1959:137-139). La muestra 7 es de sección rectangular, sin pulir, hecha de una piedra relativamente suave de color gris claro. Las hachas 5 y 6 son elípticas, muy pulidas, de una roca ígnea oscura moteada. Un ligero desgaste en los extremos sugiere que el hacha 5 fue usada como cincel, pero la 6 está absolutamente intacta. Es significativo que estas tres hachas parecen haber estado en contacto directo con el cuerpo del niño.

Entierro 10

Localización

Situado en el lado sur del pozo 5, justo al sur del eje central de ofrendas, y a una altura de 120.10 metros (figuras 10, 26).

Figura 26. Entierro 10 y otras ofrendas en pozo 5. a, entierro 10 a la derecha, ofrenda 13 en medio, y ofrenda 11 a la izquierda y a mayor profundidad (véase secciones en figura 10 y la figura 29); b, entierro 10, acercamiento de su lado izquierdo; c, entierro 10 lado derecho, con el brazo sobre las piernas.

Descripción

Entierro de adulto sedente, que mira al este, con la pierna derecha colocada sobre la izquierda y los brazos sobre el pecho y pierna. El individuo se encontraba sentado directamente sobre una fila de tres hachas colocadas en forma paralela. En línea con el hacha central de este grupo y bajo las piernas flexionadas del esqueleto se encontró una sola hacha y, frente a ésta, se halló otra línea de tres hachas paralelas. Las puntas de las siete hachas aparentemente apuntaban hacia el oeste. Otras doce hachas se encontraron dispersas por debajo de este grupo de siete, pero su posición no fue registrada. Sobre la cara y frente al cráneo se encontró fragmentada una concha marina plana.

Contenido

Hachas. Diecinueve seudohachas burdamente formadas de la misma toba, como antes se describió; de las cuales se ilustran 15 en la figura 27.

Concha. Una concha marina bivalva de color rosáceo, de 12 centímetros de diámetro, con cuatro perforaciones intencionales (figura 27).

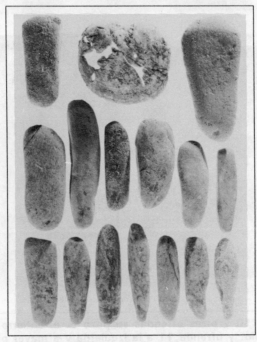

Figura 27. Entierro 10, seudohachas y pendiente de concha marina perforada.

Entierro 44

Localización

En la esquina noroeste del pozo 17, a un metro al sur del eje central de las ofrendas del sitio, a una altura de 120.85 metros (figura 10).

Descripción

Adulto sedente que mira hacia el este, con el cráneo colapsado en los pies, descansando sobre una línea norte-sur de diez hachas, nueve de ellas colocadas paralelamente y la décima depositada horizontalmente en relación con las ubicadas debajo de la barbilla (figura 28, arriba). Los huesos estaban casi desintegrados.

Contenido

Hachas. Ocho de las diez hachas de este entierro (figura 28, abajo) son del tipo seudohachas burdas, sólo que pequeñas y menos elaboradas que el promedio. Un hacha (1) es de una piedra negra fina, de grano extremadamente fino, muy pulida y de sección elíptica; es pequeña, de 11 centímetros de largo y cuatro de ancho, y sobre la punta muestra huellas de uso. La otra hacha verdadera (2) es de piedra verde claro, de grano fino, plano y poco pulida; mide 13.4 centímetros de largo y seis de ancho desde la punta, y ambos extremos muestran desgaste como si se hubiera usado ligeramente como cincel.

Entierro 45

Localización

En el pozo 27, sobre el eje de ofrendas y en su extremo este (figura 12), en E-50 metros, y a una altura de 119.70 metros, 2.25 metros bajo la superficie.

Descripción

Adulto sedente colocado hacia el este, con el cráneo colapsado sobre las costillas y la pelvis, los otros huesos fragmentados. Un hacha

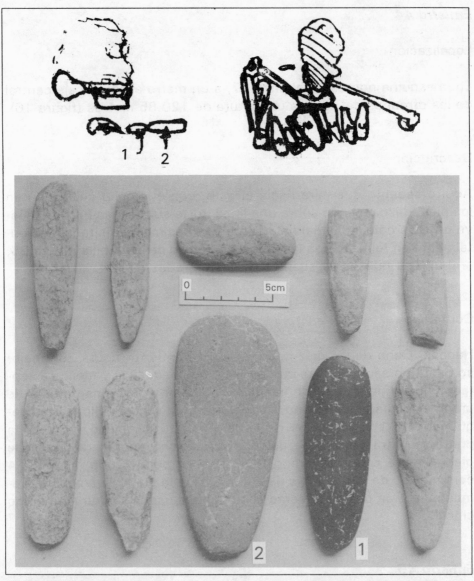

Figura 28. Entierro 44 en pozo 17. Arriba, sección y planta (bosquejo de campo de Eduardo Martínez E.). Abajo, hachas y seudohachas halladas abajo del entierro.

fue encontrada en frente de los pies en dirección de la pelvis; todos los restos se encontraban sobre lo que parecía ser un piso quemado sobre el subsuelo estéril. Aproximadamente al nivel de la cabeza y 40 centímetros hacia atrás (al oeste) se halló una gran ofrenda de seudohachas, que será descrita más adelante como ofrenda 84.

Contenido

Hachas. Dos seudohachas alineadas ambas de toba y muy suaves debido al extremo deterioro que han sufrido. Una, mide 10 centímetros de largo mal trabajada y en forma de cincel; la otra, encontrada en la zona pélvica, mide 13.5 centímetros de largo, seis de ancho en la punta y tres de grosor, está bien formada aunque un tanto deteriorada en los extremos. Estas seudohachas son completamente similares a las de la ofrenda 84 en lo que se refiere a la forma semiperfeccionada y en estado de erosión.

Ofrenda 10

Localización y descripción

Cuatro seudohachas de piedra encontradas a una altura de 121.10 metros en la sección centro-este del pozo 5 (figura 10). Las hachas fueron colocadas horizontalmente, dos con las puntas hacia el sureste y dos con las puntas al noroeste. Dos de éstas estaban bien formadas y las otras dos no tanto. Todas son de toba suave y muestran signos de acabado incompleto (superficies de desgaste angular).

Ofrenda 11

Localización

Situada en la orilla sur del pozo 5 sobre el eje de ofrendas (figura 10) a 119.60 metros de altura (figura 26a). La ofrenda 11 fue casi la más profunda de todas las encontradas en el montículo 20 y pensamos que, junto con la ofrenda 14, constituyen tanto la deposición inicial como el punto central del eje de ofrendas Dzewa.

Descripción

Dos pares de orejeras de jade colocadas en ángulos rectos alrededor de un cajete central, asociados con doce hachas depositadas en tres líneas este-oeste (figura 29). Las hachas, colocadas en extremo de la línea central de la ofrenda, fueron clavadas con las puntas hacia arriba; el eje de éstas estaba alineado a 69° sureste del norte magnético.

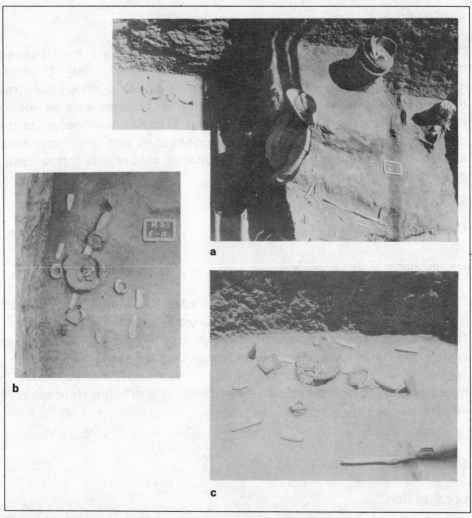

Figura 29. Ofrenda 11 en el pozo 5; a, lado izquierdo de la ofrenda 11 que muestra su posición profunda entre la línea central de ofrendas; b, planta donde aparecen dos pares de orejeras en cruce con el plato en medio; c, vista de lado donde se exhiben dos hachas en posición vertical en cada extremo.

Contenido

Cerámica. Un cajete color café negruzco, de base plana y paredes evertidas, de 23 centímetros de diámetro, situado en el centro de la ofrenda. Estaba muy mal cocido y se desintegró al moverlo. Resultó similar a las vasijas de la ofrenda 13 y, más particularmente, del entierro 9.

Orejeras. Un par de orejeras de jade cristalino, de color verde y blanco moteado, ambas labradas de la misma roca (figura 31, abajo). Tanto el cuello como la orilla de la orejeras muestran antiguas muescas, a través de las cuales ambas se habían roto en mitades desiguales

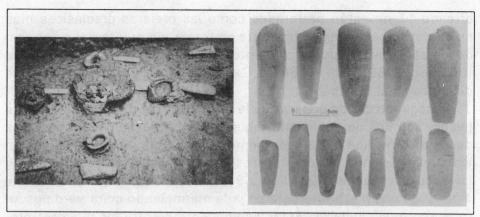

Figura 30. Ofrenda 11. Izquierda, vista de las orejeras y hachas. Derecha, las once seudohachas y una hacha de piedra dura de color gris.

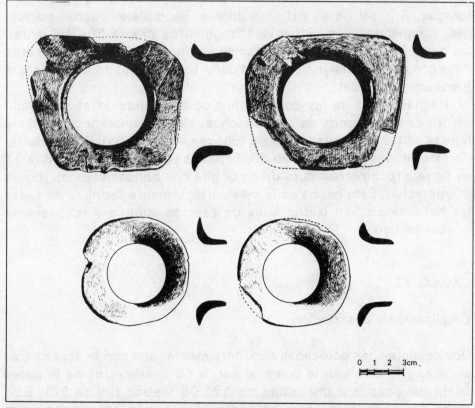

Figura 31. Ofrenda 11. Secciones y plantas de los dos pares de orejeras de jade, aquí se muestran los daños antiguos en las piezas.

(figura 30, izquierda). Éstas son orejeras del tipo A, según identificación de Kidder, Jennings y Shook (1946) y Shook y Kidder (1952:113-114): "Este tipo se caracteriza por su forma más o menos circular, amplia abertura y cuello corto adelgazado[...]". Los ejemplos de la ofrenda 11 no están perforados como las orejeras preclásicas más típicas, pero se asemejan bastante en forma, color y tamaño con uno de los pares perforados procedentes del cofre de piedra de La Venta (Drucker, 1952:161, Pl. 56 f). Cada una mide 7.5 centímetros de diámetro en el frente.

El segundo par de orejeras de la ofrenda 11 se distingue más y, de hecho, son dos de las más notables en toda Mesoamérica. La caras de las orejeras son extremadamente amplias, con ángulos agudos en los cuellos; siendo cuadrangulares con un lado mayor que el otro y las esquinas redondeadas (figura 31, arriba). Cada orejera fue hecha a partir de una pieza diferente de jade marmoleado color verde oscuro, y son muy similares. Éstas se encuentran entre las mayores orejeras conocidas, pues miden más de 10 centímetros en la porción menor de su cara frontal, y parecen ser los mayores ejemplares de forma cuadrangular. Las orejeras están bien pulidas y no fueron perforadas. A pesar de su extrema dureza, las orejeras fueron golpeadas, rompiéndose en numerosos fragmentos (figura 30, izquierda); los pequeños fragmentos perdidos no se pudieron localizar en el área de la ofrenda, lo cual indica que el daño fue ocasionado antes de que fueran depositados.

Hachas. Once de las doce hachas de la ofrenda 11 se clasifican dentro de la categoría de seudohachas, siendo aproximaciones muy burdas de las de la misma piedra tobácea suave descrita en las anteriores ofrendas del montículo 20. El hacha restante de la ofrenda 11 es de una roca porosa dura de color gris con bandas blancas (figura 30, derecha). Esta hacha es la más perfectamente formada de todas las halladas en San Isidro, y es de sección elíptica y no presenta huellas de uso.

Ofrenda 12

Localización y descripción

Dos seudohachas colocadas horizontalmente, una con la punta hacia el oste, y la otra con la punta al sur, a 65 centímetros de la pared oeste del pozo 5 a una altura de 121.05 metros (figura 10). Bajo estas dos hachas mayores se encontró una más pequeña y mejor formada, que mide ocho centímetros de largo por tres de ancho desde la punta. Las dos seudohachas mayores están trabajadas burdamente, son de sección rectangular y miden 18 x 7 y 15.5 x 5.5 centímetros. Todas son de toba suave y desgastable.

Ofrenda 13

Localización y descripción

Tres cajetes apilados, con su centro colocado a 40 centímetros de la pared sur del pozo 5 a una altura de 120.65 metros (figuras 10, 26a). Posiblemente esta ofrenda puede estar vinculada con el entierro 10, pero no hay una relación directa, ya que sus elementos se hallaron en diferentes niveles separados horizontalmente por 80 centímetros. Cada uno de los dos cajetes inferiores contenía 14 piedras pequeñas.

Contenido

Cerámica. Tres cajetes de fondo plano, muy parecidos, con paredes ligeramente evertidas y labios engrosados redondos (figura 32). El color varía de café a negro, dependiendo de la intensidad del ahumado de la cerámica, pero el negro predomina sobre todas las superficies interiores y exteriores. Se observan aparentes marcas de pulido en los interiores, y pocas en el exterior. Las vasijas no parecen llevar

Figura 32. Los tres platos negruzcos de la ofrenda 13 (véase posición original en figuras 10, 29a). El plato c mide 32 centímetros de ancho.

engobe y la pasta es mediana-
mente fina, con grandes inclusiones ocasionales. Su diámetro
mide de 31, 32 y 34 centímetros, con alturas respectivas de
10, 11 y 12 centímetros. Estos
cajetes se parecen mucho en
tamaño, forma y acabado a uno
que se recuperó en la ofrenda 18
de La Venta, en un pozo de la
fase constructiva II del complejo A de aquel sitio (Drucker,
Heizer y Squier, 1959: 190, figura 42c).

Cantos rodados. Cada una de
las vasijas b y c contenían 14
cantos rodados naturales y sin
trabajar, de forma ovalada, aparentemente todos de roca cali-
za. Los cantos varían entre los
cinco y 15 centímetros de largo.
La vasija a, que se encontraba
encima de las otras, estaba vacía pero muy fragmentada.

Las ofrendas de cantos pequeños no se conocen en otros
sitios del horizonte Olmeca, pero
reaparecen más tarde en San Isidro y se vuelven comunes en
Chiapa de Corzo durante el Pro-
toclásico y, especialmente, en el
Clásico Temprano (Lowe, 1962:
láminas, 30b, 33a, e, f; Lowe y
Agrinier, 1960, láminas 30k,
31f, 37e, 38b, e, 39d. e.; Mason
1960:9, lámina 2f).

Ofrenda 14

Localización y descripción

En el extremo oeste del pozo 5,
a 4.60 metros de profundidad y

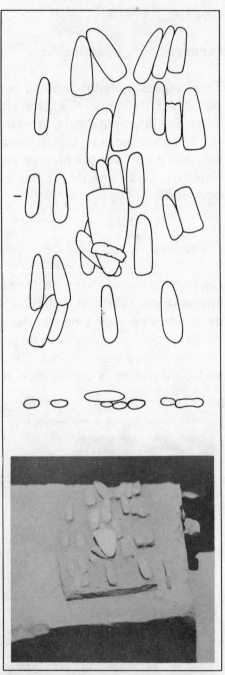

**Figura 33. Ofrenda 14. Arriba, planta
y sección del mosaico de 27 seudohachas con un hacha grande de jade
encima; arriba del hacha grande había
una concha del río aplastada. El hacha
grande mide 26 centímetros. Abajo,
vista de la ofrenda 14 al fondo del pozo
5 (véase sección en figura 10). Orientada hacia el oeste.**

a una altura de 119.65 metros, se encontró un grupo de 28 hachas de piedra colocadas horizontalmente con las puntas señalando al este, con excepción de una (figura 33). Ésta fue una enorme hacha de jade con la punta hacia el oeste, que fue depositada directamente sobre hachas menores. En la superficie de esta gran hacha se encontraron adheridos restos de una gran concha de río muy deteriorada. Al parecer, la ofrenda completa fue colocada directamente sobre el subsuelo arenoso estéril, en el fondo de un pozo. Los perfiles del pozo intrusivo de la ofrenda 14 se perdieron como resultado de perturbaciones consecutivas por encima, alrededor, y aún por debajo, en el extremo suroeste de la ofrenda (véase la fila de cantos después de su liberación, en la figura 9).

Hasta donde se descubrió, la ofrenda 14 constituye el límite occidental del eje de ofrendas pero es muy posible que el eje continuara más al oeste, bajo la pirámide del montículo 20.

Contenido

Hachas. Desafortunadamente, la enorme hacha central de la ofrenda 14 fue robada de la bodega en San Isidro; por ello no será descrita en detalle. Era de una piedra muy parecida al jade, de color verde oscuro, densa y muy pulida, de 26 centímetros de largo y 12.5 de ancho en la punta. Su forma era ligeramente asimétrica, de sección elíptica.

Las 27 hachas restantes de esta ofrenda pertenecen a la variedad de seudohachas de piedra tobácea suave, pero su elaboración es tan buena como las hachas reales. Considerando su cuidadosa ejecución y la suavidad del material, se observa un avanzado deterioro; estas seudohachas tienen gran similitud con las que aparecieron en la ofrenda 84, descritas abajo, y difieren en el mismo grado de las descritas antes.

Aparentemente, las hachas de la ofrenda 14 se colocaron en un patrón determinado, en líneas de noroeste a sureste, de 6, 5, 5, 5 (encima de ellas la gran hacha), 4 (agrupadas en la esquina sureste), y 2 al noreste. El significado de tal distribución (que también puede ser vista como 6, 5, 5, 7 y 4 o en orden inverso) es desconocido, pero sigue el patrón constante de las ofrendas de los grupos de hachas que hay en La Venta (Drucker, Heizer y Squier, 1959: 135-137). Por supuesto el número total de 28 era importante en la numerología (se aproxima al ciclo lunar, pues la ofrenda masiva número 1 de La Venta tenía 28 capas de bloques de serpentina, en las que había 14 piedras por cada plato de la ofrenda 13).

Ofrenda 62

Descripción

Cuatro seudohachas de toba burdamente formadas que se encontraron juntas, aparentemente sin orden, en la esquina noreste del pozo 17, justo al sur de la línea del eje de ofrendas, a una altura de 121.65 metros (figura 10). No se encontraron vestigios de pisos sobre ésta que fue la más alta de las ofrendas de la fase Dzewa.

Ofrenda 65

Descripción

Se trata de un grupo de 45 seudohachas encontradas en el lado este del pozo 20-C (figura 12) a 1.68 metros bajo la superficie de la plataforma frontal del montículo 20 (figura 34). La ofrenda 65 se localizó directamente sobre el extremo oriental de la ofrenda 77, descrita más adelante, pero constituye una ofrenda separada y tal vez posterior (figura 35).

Las hachas de la parte noroeste de la ofrenda 65 estaban desordenadas y rotas; esta disposición junto con la presencia de un área vacía en el centro de la ofrenda sugiere que tuvo lugar algún tipo de saqueo. La suposición del remoto saqueo está respaldada por la ausencia de algún hacha de roca ígnea o no tobácea, en ésta que constituye la mayor ofrenda de hachas de San Isidro.

Las seudohachas de la ofrenda 65 varían entre los 10 y 17 centímetros de largo y todas presentaban los extremos bien acabados, pero con pocos indicadores de que se hayan querido remover las imperfecciones. Las dos líneas orientales de hachas tenían las puntas hacia el este, mientras que las dos filas occidentales las tenían hacia el oeste.

Ofrenda 66

Descripción

En el pozo 17, cerca de 3.50 metros por debajo del nivel cero, se encontraron dispersas seis seudohachas de toba suave a una altura de 120.30 a 120.65 metros (figura 10). Estas hachas parecen haber sido ofrendas individuales y no relacionadas entre sí; las cuatro que se hallaron más al oeste tenían las puntas en aquella dirección, pero

74

Figura 34. Ofrenda 65 en el pozo 20, vista mirando al oriente. Dibujo bosquejo de campo por Eduardo Martínez E.

la diferencia de niveles no indica alguna asociación. Tal vez las dos hachas halladas hacia el este se relacionan con la ofrenda 69, de la cual sólo estaban separadas por 10 y 20 centímetros verticalmente, pero es igualmente posible que todas las hachas de estas ofrendas estén o no relacionadas entre sí. Por sí sola la ofrenda 66 no parece conformar ningún patrón significativo, ni con las otras hachas de la ofrenda 69. Sin embargo mantiene un alineamiento con la ofrenda

75

85, encontrada en el pozo 20-D y colocada casi al mismo nivel. Las seudohachas de la ofrenda 66 estaban burdamente formadas en semejanza a las del entierro 10 y la ofrenda 11 (compárese con las figuras 27 y 30).

Ofrenda 69

Descripción

Estas tres seudohachas de toba intemperizada, típicamente burdas, se encontraron a 4.04 metros por debajo del nivel cero (a 120.20 metros de altura) en la esquina noreste del pozo 17 arregladas a propósito (figura 10). El hacha central estaba separada de sus compañeras por una distancia de 60 centímetros al sur y 70 centímetros al norte; las puntas de las tres señalaban al oeste.

Ofrenda 77

Descripción

Un grupo de tres tecomates y 21 hachas se halló al oeste en el pozo 20 C, por debajo de la ofrenda 65 (figuras 12 y 35). La ofrenda estaba a 2.40 metros abajo de la superficie de la plataforma frontal del montículo 20. Las hachas parecían, a primera vista, haber sido colocadas indiscriminadamente sobre las vasijas, pero la mayor parte de ellas tenía las puntas orientadas al oeste o al sur y solamente tres, ubicadas en el lado este de los tecomates, orientaban sus puntas hacia el norte. Es significativo, sin duda, que las hachas de los extremos norte (número 6, apuntando hacia el sur), sur (número 7, al sur) y este (número 5, al norte) de la ofrenda (algo alejadas todas del norte de la ofrenda), fueran de una roca ígnea dura o esteatita (jaboncillo) de varias tonalidades de verde (figura 37, fila de arriba). Dos hachas de roca ígnea verdosa fueron incluidas en el grupo de hachas localizado al este de los tecomates, la número 2 apuntando al norte y la 3 al este.

Contenido

Cerámica. Tres tecomates de pasta dura color café rojizo, cada uno con una acanaladura alrededor de la boca (figura 36). Cada vasija presenta un pequeño agujero de aproximadamente dos centímetros

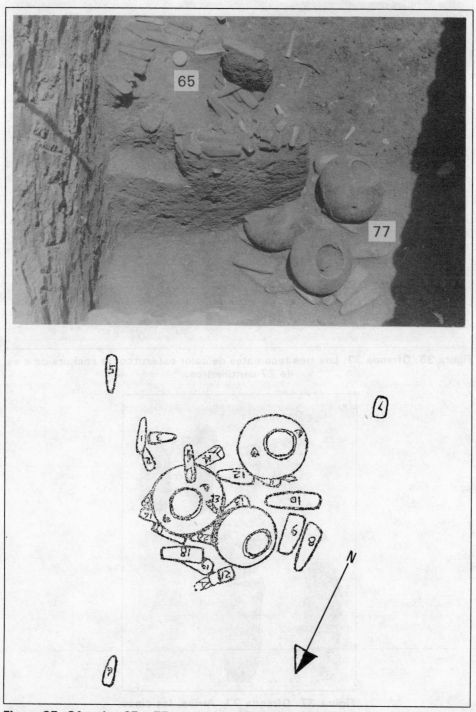

Figura 35. Ofrendas 65 y 77 en el pozo 20. Arriba, vista hacia el sur, se muestra la superposición de la ofrenda 65. Abajo se muestra la distribución de las hachas de la ofrenda 77; bosquejo de campo por Eduardo Martínez E. (véase también figura 37).

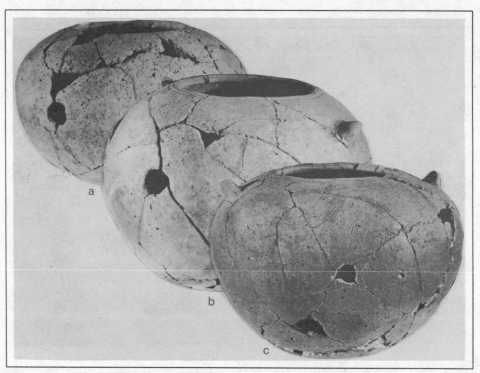

Figura 36. Ofrenda 77. Los tres tecomates de color cafesuzco; la anchura de c es de 27 centímetros.

Figura 37. Ofrenda 77. Arriba, las cinco hachas de piedra dura, de izquierda a derecha números 2, 3, 5, 6 y 7. Abajo, tres típicas seudohachas, números 17, 18, 20. La forma de quebrarse de la número 18 es común.

de diámetro, perforado en el hombro, aparentemente para "matar" la vasija y "dejar salir el espíritu" de la olla y así negar su carácter utilitario y hacerla más aceptable en las ofrendas ceremoniales. Dos de los tecomates de la ofrenda 77 presentan pares de agarraderas a unos cuatro centímetros bajo el borde. Las dimensiones de las vasijas son a) 25 x 15 centímetros, b) 23 x 19 centímetros y c) 27 x 20 centímetros, siendo el diámetro de las bocas 11, 11 y 12 centímetros, respectivamente.

Los tecomates de este tipo, bastante simples y uniformes, son indicadores de la fase Dzewa. Las ollas sin cuello son también comunes en La Venta según Drucker (1952:117, figura 39a), quien hace la siguiente observación: "En todos los niveles se encuentran abundantes tiestos con bordes, en especial en la cerámica de pasta burda que comúnmente es el estilo de borde de olla más decorado que existe [...] [el decorado consiste] de una a tres líneas circulares situadas abajo del borde exterior [...]"

La forma de olla predominante en Chiapa de Corzo, durante la fase Dilí o Chiapa II, es también de tecomates lisos de este estilo, sin cepillar, con una sola acanaladura o incisión en el borde (Dixon 1959:33).

Seudohachas. Las 15 seudohachas tobáceas y una de arenisca frágil, encontradas en la ofrenda 77, estaban bien elaboradas (ejemplos en la figura 37, abajo) y presumiblemente tenían un carácter simbólico especial. Eran algo mayores que las demás, algunas de más de 20 centímetros de largo. La mayoría presenta una sección rectangular redondeada y algunas son buenas aproximaciones de las formas comunes olmecas. Este grupo de seudohachas, sin embargo, fue el más deteriorado de todos los que se encontraron en San Isidro. La piedra era muy suave y se fracturó rápidamente debido a las condiciones de humedad; las fracturas comúnmente cruzaban el eje mayor.

Hachas verdaderas. Además de las hachas de toba suave mejor acabadas, la ofrenda 77 incluyó un mayor número de hachas no-tobáceas. Las hachas finas fueron cinco en total (figura 37, arriba) y todas ocupaban posiciones distintas, aisladas o semiaisladas. Como grupo, estas hachas similares a las de La Venta son algo menores que la generalidad de éstas, pero bien pueden identificarse dentro de las normas de La Venta (Drucker, Heizer y Squier, 1959:137). Ninguna muestra evidencias de uso y dos están mal acabadas. Los ejemplos de San Isidro no se han identificado mineralógicamente; sin embargo a continuación se describen sus especificaciones generales.

El hacha número 2 es de color verde olivo, muy densa, con inclusiones granulares, altamente pulida. Sus dimensiones son 11 x 4 x 2 centímetros y sus proporciones, casi perfectas, de sección elíptica.

La punta es concavoconvexa, tal vez diseñada para funcionar como un cincel (Drucker, Heizer y Squier, 1959:137).

El hacha número 3, de una piedra gris verdosa con desperfectos y poco pulida, está muy bien formada. El mal acabado e imperfecciones de esta pieza pueden ser resultado de la intemperie a la que se expuso después de su elaboración. Sus dimensiones son 9.2 x 4 x 1.8 centímetros.

El hacha número 5 fue elaborada de una pieza de esteatita blanco verdosa y parece contener golpes de hacha que pudieron darle forma a esta roca suave; las marcas fueron demasiado profundas para poder ser eliminadas por el tallado y pulido mínimo requeridos para conformar su superficie casi si nétrica.

El hacha número 6 es de sección elíptica, perfectamente formada y simétrica, hecha de una piedra verde oscura densa con finos granos uniformes de un material más claro que le dan una apariencia moteada. Sus dimensiones son 12 x 4.8 x 2.1 centímetros.

El hacha número 7 es de una piedra bastante suave, asimétrica, achaparrada y aparentemente sin terminar, con marcas de tallado en toda su superficie. Sus dimensiones son 8.5 x 4.6 x 2.2 centímetros.

Ofrenda 84

Descripción

Este gran grupo de hachas se encontró a 80 centímetros al oeste y 80 centímetros por encima de la pelvis del esqueleto del entierro 45, en el pozo 27, a una altura de 120.10 a 120.30 metros (figura 12). Se recuperaron veintiún seudohachas; pero un número desconocido, tal vez doce o más, fueron removidas clandestinamente de la excavación. Es problemático, pero plausible, establecer una relación directa entre el entierro 45 y esta ofrenda de hachas, en tanto que los entierros 10 y 44 también fueron de tipo sedente y estuvieron asociados con líneas de hachas. Además, se encontraron dos hachas similares de naturaleza burda directamente abajo y enfrente del entierro 45, como se describió anteriormente. Cabe señalar que la ofrenda 84 está casi al mismo nivel de la 65 y que, como se sugirió en este caso, es probable que también haya sido perturbada en el pasado.

Contenido

Las veintiún hachas recuperadas en la ofrenda 84 eran de toba en desintegración pero bien formadas, en conjunto son muy similares a las de la ofrenda 77, como se ve en los ejemplos de la figura 37. Muchas de estas hachas están fracturadas y algunas se deshicieron durante su extracción. El largo de las hachas varía de 12 a 20 centímetros, aunque la mayoría mide entre 15 y 18 centímetros, y de tres a 6.5 centímetros de ancho. No hay registro de que la docena de hachas saqueadas incluyera alguna de roca más dura; tampoco parece probable.

Ofrenda 85

Descripción

Antes de que abandonaramos San Isidro, en vísperas a la inundación del embalse de Malpaso, se excavó un pequeño túnel en la pared este del pozo 20 D, siguiendo una ofrenda de hachas que se había hecho visible a dos metros abajo de la superficie, al suroeste de la ofrenda 77 (figuras 12 y 38). El túnel se cavó a una profundidad de 1.40 metros antes de colapsarse, descubriendo un grupo de 23 seudohachas. Dos de las hachas descubiertas estaban demasiado deterioradas para ser removidas, y la mayor parte de la ofrenda quedó sepultada por el repentino derrumbe del túnel y no fue recuperada. Las hachas de la ofrenda 85 parecían ser similares en todos los aspectos a los mejores ejemplares de seudohachas tobáceas halladas en las ofrendas cercanas; entre las de mayor tamaño, de acuerdo al registro de hachas, había una de 25 centímetros de largo.

El patrón de distribución de las hachas de la ofrenda 85 indica un ordenamiento deliberado, pero sin aparente significado. Puede verse como tres grupos de 7, 7 y 9 hachas ordenadas de este a oeste o como filas irregulares norte-sur, tal vez en un orden deliberado, de este a oeste, de 5, 6, 6, 1 y 4 y 1, con las dos últimas unidades ocupando los extremos noroeste y suroeste de la ofrenda. Excepto por los dos ejemplos que apuntaban al este, en el extremo sur de la ofrenda, todas las hachas de la ofrenda 85 tenían las puntas orientadas hacia el oeste, es decir, alineadas con el eje central de ofrendas.

Figura 38. Ofrenda 85 en el pozo 20, con cara hacia el oriente un poco antes de la inundación de San Isidro.

Discusión y conclusiones

Dos objetivos prácticos guiaron las limitadas investigaciones arqueológicas de salvamento en San Isidro. El primero consistió en determinar, en lo posible, las características culturales del sitio durante las fases cronológicas distinguibles, y el otro fue establecer el lugar histórico aproximado del sitio y la región dentro de la prehistoria de Mesoamérica en general. En las aproximadamente treinta excavaciones se exploraron algunas zonas sin estructuras centrándose en los complejos arquitectónicos. Se esperaba que algunas investigaciones estructurales podrían revelar, efectivamente, reconstrucciones sucesivas, y descubrirían ofrendas ceremoniales y basureros no perturbados que fueran culturalmente significativos y que reflejaran contactos con otras regiones de Mesoamérica y de épocas más tempranas en el montículo 20. La intención de completar los datos jerárquicos con información obtenida por medio de trincheras planeadas en zonas de aparente ocupación doméstica en San Isidro no se realizó debido a la falta de tiempo y personal.

El área cultural del Istmo

Los resultados de las investigaciones de San Isidro llenaron un vacío en la historia cultural temprana de ese territorio crucial de Mesoamérica que podemos denominar "la gran área del istmo". Esta área se extiende desde el Istmo de Tehuantepec hacia el este hasta Guatemala, en la costa del Pacífico, y de allí al norte cruzando Chiapas y Tabasco hasta la costa del Golfo en las desembocaduras de los ríos Grijalva y Usumacinta, más allá de Villahermosa. La zona ístmica, así concebida, presenta cierta unidad geográfica, pero lo más importante es que parece haber comprendido un "bloque" cultural que separa a los huastecos y zapotecos, en el oeste, de los grupos mayas en el este (Lowe, en Green y Lowe, 1967: 71-74; Lowe, s.f.). Según Foster (1969:448, 453) los mixes, zoques y popolucas anteriormente "casi con seguridad formaban un sólido bloque geográfico centrado en el Istmo de Tehuantepec [...]" (Lowe, 1977:199-201). El sector noroccidental de esta área ístmica incluye a la zona nuclear (*heartland*) de la civilización olmeca (Bernal, 1968, 1969; Coe, 1968:44), y como indicamos la más fuerte unidad étnica conocida para todo este territorio es el mixe-zoque (Cordry y Cordry, 1941:11-16, Lámina I; Thomas, 1974).

No existe ninguna duda de que los mixe-zoques en el tiempo de la conquista se extendían desde las planicies de la costa del Pacífico hasta Los Tuxtlas de Veracruz y las llanuras de Tabasco (Ciudad Real, 1952; Covarrubias, 1962:57; García de León, 1971; 269,280; Scholes y Roys, 1968:38-39). La gran cuña de montañas y valles interiores que se localizan al este del istmo fue (y es) en gran parte una provincia zoque, e incluye la región media del Grijalva así como, al menos, el extremo occidental de la Depresión Central de Chiapas. Algunos autores, entre ellos Lee (1969:193-194; 1989) han propuesto breves argumentos acerca de un comienzo muy antiguo del patrón de ocupación zoque a través del área del istmo y, menos directamente, así argüye Peterson (1963a:263). Vogt (1964:396) también sugería una "postulada expansión mixe-zoque en el Preclásico".

Otros argumentos más decisivos para una relación directa entre la familia lingüística mixe-zoque y los olmecas del Preclásico Temprano y Medio han sido presentados por Baez-Jorge (1973:80), Campbell y Kaufman (1976) y Lowe (1977:212-226; 1983). Todas las regiones investigadas arqueológicamente dentro de la gran área del istmo presentan ocupaciones subyacentes, relacionadas con lo olmeca, fechadas desde *ca.* 1200 a 400 a.C. El grado preciso de lo "olmeca" en cada una de estas manifestaciones del Preclásico Temprano y Medio puede ser aún debatible, pero sin duda los territorios de Chiapas jugaban un papel sustentador en relación con las civilizaciones más tempranas de Mesoamérica (Clark, 1990; Lowe en Green y Lowe, 1967: 65-74; Lowe en prensa; Lee, 1989, 1993). La relación olmeca directa con el idioma zoqueano fue también evidente en tiempos "Epiolmecas", incluso en Chiapas, durante los primeros siglos d.C. (Justeson y Kaufman, 1993; Stuart, 1993).

En resumen, la región del Grijalva medio parece haber facilitado el tránsito de gente y de rasgos culturales desde los centros olmecas metropolitanos, en la costa del Golfo, hacia el interior de Chiapas. Así, la zona del Grijalva medio funcionó como una de tres rutas que conducían hacia el este seguidas por los olmecas (Agrinier, 1975, 1984, 1991), compartiendo este carácter con la planicie costera y las vías fluviales de Tabasco (Sisson, 1970; Ochoa Salas, 1983; Rands, 1977:159-160) y la planicie costera del Pacífico (Clark, 1990, 1993a, 1993b; Clark y Blake, 1989).

San Isidro como centro cívico-ceremonial olmeca

Al final de la fase Dzewa, seguramente antes de 600 d.C., los olmecas prezoqueanos del Grijalva medio ya habían establecido su comunidad rectora o "centro ceremonial" de mayor importancia regional en San Isidro. Dentro de esta época, en el montículo 20, encontramos una plataforma piramidal de siete u ocho metros de altura. Este mismo desarrollo arquitectónico también se evidencia en las grandes plataformas tipo acrópolis 1 y 4 de la fase Felisa, ambas construidas encima de las ocupaciones de la fase Cacahuanó y Dombi. Otras plataformas de la zona no exploradas probablemente tenían parecidas secuencias de crecimiento. La disposición de las estructuras en forma de líneas, dejando espacios abiertos como plazas, sugiere cierta planeación y probable división de funciones y rangos entre la población. Es importante notar que la pirámide 20 de San Isidro, junto con la plataforma alargada en el montículo 2, iban a formar parte de un "complejo de conmemoración astronómica", empezando en la fase Equipac o Felisa sino es que antes (Lowe en preparación; véase también Lowe, 1989b:365). Este complejo observatorio fue compartido con La Venta (Lowe, 1989a:61, figura 4.10) y con muchos otros sitios del Preclásico Medio en Chiapas (Lowe, 1989b, figuras 11-15).

El descubrimiento parcial de una línea central de ofrendas de hachas de piedra y de los entierros que siguen las plataformas 20, 2 y probablemente 4, confirma la importancia ritual de San Isidro durante la fase Dzewa, en la época intermedia o La Venta, de los olmecas de la zona nuclear del Golfo. La similitud en el entierro de muchos grupos de hachas indica que había una interrelación muy cercana entre las creencias rituales motivados por los reyes o sacerdotes de San Isidro y los de La Venta. Aún no ha sido identificada, en otro sitio del Preclásico Medio en Chiapas, una cercanía que se compare con las prácticas olmecas.

En La Venta media docena de las numerosas hachas de piedra encontradas en las ofrendas del complejo A llevaban diseños incisos de estilo olmeca (a veces del maíz estilizado, según algunos autores). La ausencia total de incisiones en las 234 hachas y seudohachas recogidas de las ofrendas en San Isidro parece explicarnos: 1) menor riqueza o un limitado acceso a los objetos de lujo para el culto; 2) poca influencia sacerdotal; 3) falta de preocupación particular que motivaron los diseños de La Venta, como por ejemplo, la cosecha de maíz; o 4) simplemente las investigaciones han sido inadecuadas; pues más allá de lo poco que ha sido explorada la línea central de San Isidro, pudo haber quedado alguna otra hacha incisa bajo la tierra. Sin duda, todas estas posibilidades son pertinentes en algún grado. En términos de la zona nuclear olmeca, San Isidro fue una ciudad secundaria, relativamente alejada del centro o centros primarios de la sociedad olmeca y, lógicamente, su cultura demuestra ciertas diferencias.

Otra manifestación del culto olmeca en San Isidro fue la perforadora de jade encontrada en el pozo 23 (figura 14), junto con un plato de fondo rojo. Así, parece que San Isidro también tuvo la costumbre de ofrendar sangre humana, un acto todavía común en Mesoamérica durante la Conquista. Es de sumo interés notar que la única ofrenda de mosaicos de hachas estilo olmeca conocida en la zona maya que da principio a la larga tradición de esta práctica, también estaba acompañada de una perforadora (Willey, 1977). Esa ofrenda se depositó en Seibal durante la fase Xe, aproximadamente contemporánea con la fase Dzewa de San Isidro. Era ésta una época de obvia expansión e intercambio olmeca.

En San Isidro se observa un rápido cambio cultural con el advenimiento de la ocupación Equipac, al terminar la fase Dzewa. Este desarrollo corre paralelo con acontecimientos similares a lo largo de todo el estado de Chiapas y, sin duda, en la misma ciudad capital de La Venta. Los cambios ocurridos entre los olmecas "terminales" de La Venta parecen haber propiciado su rápida caída y su consecuente abandono. Por otro lado, en Chiapas, la mayoría de los centros del Preclásico Medio (con notables excepciones), no sólo sobrevivieron sino que siguieron creciendo en tamaño y en importancia durante el Preclásico Tardío y el Clásico.

En el montículo 20 no observamos evidencias de un periodo de abandono o decaimiento, entre las fases Dzewa y Equipac, pues se siguió aumentando el área de la plataforma piramidal. La misma continuidad arquitectónica se ha observado en otros sitios de Chiapas. El cambio brusco en la cerámica de este tipo, incluyendo el desuso del tecomate como principal recipiente, indica que hubieron transformaciones significativas en la vida cotidiana. Al iniciarse enseguida los entierros en urnas y al abandonarse la práctica de enterrar hachas, nos conduce a pensar que, en relación con la sociedad de La Venta, en la de San Isidro hubieron profundos cambios culturales. Esta sociedad chiapaneca modificada o cambiada la llamamos zoqueana del Preclásico Medio, encontrándola ampliamente distribuida en Chiapas (las fases Escalera y Francesa o Chiapa III y IV en Chiapa de Corzo, por ejemplo). Dejemos este capítulo de la historia de San Isidro para un informe aparte.

En el sureste, el Preclásico Medio fue un periodo de progresivo intercambio entre las culturas del istmo y los incipientes mayas preclásicos de las tierras bajas y altas al oriente. Creemos que, sobre todo por descendencia y tradiciones, los habitantes de San Isidro no dejaron de ser esencialmente olmecas. San Isidro estaba destinado a compartir su cultura más intensamente con el resto del occidente y costa de Chiapas y, tal vez la que antes era una provincia olmeca, llegaría a constituirse en un poderío zoque autónomo. A la vez, durante los periodos Preclásico y Clásico, los contactos entre los sectores zoqueanos de Chiapas y los "posolmecas" y "epiolmecas" del Golfo siguieron siendo comunes, fuertes y peculiares.

Conclusiones

Durante el periodo Preclásico Temprano San Isidro ya era un centro regional que, probablemente, servía para satisfacer las necesidades locales de una rica zona agrícola. También pudo haber funcionado como un enclave comercial en el que el cacao se concentraba (quizá semidomesticado) e intercambiaba por bienes, minerales, algodón y otros productos, provenientes de la árida Depresión Central, transportados hasta la planicie de Tabasco y Veracruz a través de un recorrido fluvial. Tales actividades comerciales (¿o tributarias?) probablemente explicarían las cercanas afinidades cerámicas que se notan en esta época entre dichas regiones. La cerámica es la que proporciona identificación de la ocupación Cacahuanó como olmeca temprana, mientras que la etapa Olmeca Intermedia de San Isidro se reconoce fácilmente por su patrón de ofrendas de hachas, típico de La Venta, entre la fase Dzewa.

Tenemos que considerar la gran plataforma elevada de la fase Cacahuanó del montículo 20, con dos incrementos significativos, como un lugar para la "concentración de excedentes" y, lógicamente, como posible asiento de un templo; los tiestos Cacahuanó A bien pueden representar vasijas relacionadas, en un primer lugar, con lo sagrado o lo administrativo del sitio. La arquitectura se acomoda bien dentro de lo poco que conocemos de las normas constructivas olmecas (Cyphers Guillén, 1995). Aún más, considerando la ubicuidad de los fragmentos de cerámica Cacahuanó B en los niveles inferiores de todas las zonas exploradas en el sitio, es probable que existieran otras plataformas contemporáneas, no sólo bajo el montículo 20 sino también debajo de varios otros espacios construidos. La imposibilidad de continuar las trincheras hasta el núcleo del montículo 20 impide una reconstrucción detallada; pero los datos recuperados indican la probable presencia de una plataforma piramidal, de ocho metros de altura, construida hacia el final de la ocupación Olmeca Intermedia, fechada hacia 700 a.C. Ésta constituye una de las pirámides más antiguas que se conocen en Mesoamérica.

San Isidro tal vez fue una comunidad olmeca más "típica" que San Lorenzo o La Venta, pues éstas funcionaron como extraordinarios centros capitales de grandes territorios. Aunque San Isidro no posee muchas esculturas olmecas pensamos que no debe desestimarse su carácter olmeca debido a la gran extensión del área cubierta por los depósitos con cerámica del tipo olmeca temprana. De los más de 15 complejos estructurales (grupos de montículos) de San Isidro, seis fueron explorados en algún grado. Se hallaron depósitos con tiestos Cacahuanó debajo de los restos basales de todos los montículos centrales del sitio donde se excavaron pozos hasta la capa estéril.

La ocupación Cacahuanó de San Isidro fue encontrada en todas partes, en contacto directo con un estrato limpio de sedimento arenoso que sólo puede ser interpretado como un depósito aluvial geológicamente reciente. Esta antigua terraza de río se encuentra más allá del alcance de la creciente actual y, aparentemente, fue el resultado de una mayor elevación de las aguas asociada con una altura más grande del afloramiento rocoso que forma el vado San Isidro. El más elevado afloramiento, del que no se guarda memoria, debe haber forzado al río Grijalva a subir el nivel de las crecientes anuales, más allá de las ocurridas posteriormente con el desgaste de las rocas a través de los siglos y milenios. El río Totopac que desemboca en el Grijalva, frente a San Isidro, también contribuyó a formar una extensa planicie aluvial y alojó en sus riberas a pequeñas comunidades de los horizontes olmecas. La rápida ocupación humana de este favorable ambiente antes de 1000 d.C. probablemente se dio como resultado de la expansión demográfica o comercial asociada con un periodo de gran prosperidad en el área nuclear olmeca.

De lo anterior concluimos que los primeros habitantes de San Isidro que usaron cerámica debieron, tal vez, estar emparentados étnicamente con los olmecas metropolitanos. También deducimos que hubo algo de especialización regional; no encontramos ocupantes precerámicos en la región, y los contemporáneos del horizonte Olmeca Temprano, que llegaron al alto Grijalva en el centro de Chiapas principalmente desde la costa del Pacífico, parecen haber tenido un origen algo diferente. Con todo, la fase Cacahuanó de San Isidro permaneció lo suficientemente relacionada con los más antiguos centros metropolitanos del Golfo para responder de manera similar a los trastornos ecológicos o históricos reflejados entonces y, después también, para realizar las prácticas ceremoniales adquiridas en la fase Dzewa del horizonte de La Venta.

Desafortunadamente, las excavaciones de rescate efectuadas en San Isidro fueron demasiado limitadas para recuperar una muestra ideal del registro arqueológico con propósitos de reconstruir una historia sociocultural satisfactoria. Los datos recobrados, sin embargo, parecen confirmar la imagen ampliamente observada de una primera convulsión cultural a lo largo del territorio olmeca alrededor de 1000 a 900 a.C. Este trastorno motivó la culminación de la más influyente fase de la primera civilización reconocida de Mesoamérica. La extensión y naturaleza precisa de este aparentemente corto pero significativo rompimiento entre los horizontes culturales Olmecas Temprano e Intermedio tampoco se conocen en San Isidro; pero confirman la situación, notada en el Golfo, de un breve abandono de edificios y un cambio marcado en la cerámica.

Se han mencionado distinciones claras que separan las ocupaciones olmecas Temprana e Intermedia tanto en San Lorenzo (Coe, 1968:46; 1970; Coe y Diehl, 1980:13-15) y en La Venta (Coe, 1968:63), como en Chiapa de Corzo (Lowe, en Green y Lowe, 1967:69). Este patrón cultural también se ha advertido en centros más distantes de la región metropolitana. La primacía como centro o capital ceremonial territorial parece pasar en esta época de San Lorenzo a La Venta. Las influencias externas que salieron desde La Venta entonces son rara vez claramente identificadas; pero la práctica de enterrar ofrendas profundas sería una de estas influencias bien identificadas en San Isidro.

Este lugar es el único sitio conocido en Chiapas que comparte de modo significativo la costumbre de ofrendar, en pozos intrusivos, mosaicos de hachas de piedra y objetos de jade alineados siguiendo un eje. San Isidro representa así la más cercana y mejor aproximación al ceremonialismo olmeca de La Venta que se conoce en Chiapas. Si, de hecho, La Venta funcionaba como "ciudad sagrada", "lugar central" o "centro político" para ésta u otra comunidad de Chiapas es todavía hipotético. Creemos, sin embargo, que las relaciones entre los olmecas metropolitanos y sus vecinos culturalmente cercanos en Chiapas eran diferentes de aquellas que sostenían con sus vecinos de las tierras del oeste y norte del istmo.

En las fases Cacahuanó y Dzewa, San Isidro muestra fuertes relaciones con los centros olmecas metropolitanos de la costa del Golfo, relaciones secundarias con el interior de Chiapas y ninguna con Oaxaca o las tierras altas del centro de México. La determinación de lo que podríamos llamar relaciones familiares o suprafamiliares, tribales o "provinciales" dentro de una gran comunidad olmeca en el istmo (y la diferenciación de éstas de las más efímeras "influencias" olmecas entre otros vecinos asentados fuera del istmo), es un problema que podría ser esclarecido mediante investigaciones continuas.

Bibliografía

Agrinier, Pierre, *Excavations at San Antonio, Chiapas, Mexico*, Provo (Papers of the New World Archaeological Foundation, 24), 1969.

————, "Un complejo cerámico, tipo olmeca, del Preclásico Temprano en El Mirador, Chiapas", en *Balance y perspectiva de la antropología de Mesoamérica y el norte de México*, vol. 2, pp. 21-34, Sociedad Mexicana de Antropología, México, 1975.

————, *The Early Olmec Horizon at Mirador, Chiapas, Mexico*, Provo (Papers of the New World Archaeological Foundation, 48), 1984.

————, "Mirador-Plumajillo y sus relaciones con cuatro lugares del horizonte olmeca en Veracruz, Chiapas y la costa de Guatemala", en *Anuario 1990*, pp. 276-306, Instituto Chiapaneco de Cultura, Tuxtla Gutiérrez, 1991.

Báez-Jorge, Félix, *Los zoques-popolucas: estructura social*, INI, México, 1973.

Becerra, Marcos E., *Nombres geográficos e indígenas del estado de Chiapas*, Talleres Tipográficos del Gobierno del Estado, Tuxtla Gutiérrez, 1932.

Bernal, Ignacio, *El mundo olmeca*, Porrúa, México, 1968.

————, *The Olmec World*, University of California Press, Berkeley, 1969.

Campbell, Lyle y Terrance Kaufman, "A Linguistic Look at the Olmecs", en *American Antiquity*, vol. 41, núm. 1, pp. 80-89, 1976.

Castañón Gamboa, Fernando, "Panorama histórico de las comunicaciones en Chiapas", en *Ateneo*, año 1, vol. 1, pp. 75-127, Tuxtla Gutiérrez, 1951.

Ciudad Real, Antonio, "Relación breve y verdadera de algunas cosas de las muchas que sucedieron al padre fray Alonso Ponce en las Provincias de Nueva España, siendo Comisario General de aquellas partes (1586)", en *Anales del Museo Nacional "David J. Guzmán"*, vol. 3, núm. 9, pp. 8-102, San Salvador, 1952.

Clark, John E., "Olmecas, olmequismo y olmequización en Mesoamérica", en *Arqueología*, 3, 2ª época, pp. 49-55, INAH, México, 1990.

————, "¿Quiénes fueron los olmecas?", en *Segundo y Tercer Foros de Arqueología de Chiapas*, pp. 45-55, Instituto Chiapaneco de Cultura, Tuxtla Gutiérrez, 1993a.

Clark, John E., "Una reevaluación de la entidad política olmeca, Imperio, Estado o cacicazgo?", en *Segundo y Tercer Foros de Arqueología de Chiapas*, pp. 159-169, Instituto Chiapaneco de Cultura, Tuxtla Gutiérrez, 1993b.

Clark, John E. y Michael Blake, "El origen de la civilización en Mesoamérica: los olmecas y mokayas del Soconusco de Chiapas, México", en *El Preclásico o Formativo, avances y perspectivas*, M. Carmona, coordinadora, pp. 385-404, Museo Nacional de Antropología e Historia, México, 1989.

Coe, Michael D., "San Lorenzo and the Olmec Civilization", en *Dumbarton Oaks Conference on the Olmec*, Elizabeth P. Benson (ed.), pp. 41-71, Washington, 1968.

―――, "The Archaeological Sequence at San Lorenzo Tenochtitlan, Veracruz, Mexico", en *Contributions of the University of California Archaeological Research Facility*, 8, pp. 21-34, Berkeley, 1970.

―――, "San Lorenzo Tenochtitlan", en *Archaeology; Supplement to the Handbook of Middle Amercian Indians*, vol. 1, pp. 117-146, University of Texas Press, Austin, 1981.

Coe, Michael D. y Richard A. Diehl, *In the Land of the Olmecs*, 2 vols., University of Texas Press, Austin, 1980.

Coe, Michael D. y Kent V. Flannery, *Early Cultures and Human Ecology in South Coastal Guatemala*, Smithsonian Contributions to Anthropology, vol. 3, Washington, 1967.

Cordry, Donald B. y Dorothy M. Cordry, *Costumes and Weaving of the Zoque Indians of Chiapas, México,* Los Angeles (Southwest Museum Papers, 15), 1941.

Covarrubias, Miguel, *Mexico South: the Isthmus of Tehuantepec*, A. Knopf, New York, 1962.

Cyphers Guillén, Ann, "Informe preliminar sobre las exploraciones en San Lorenzo Tenochtitlan", en *Segundo y Tercer Foros de Arqueología de Chiapas*, pp. 174-178, Instituto Chiapaneco de Cultura, Tuxtla Gutiérrez, 1993.

―――, "Investigaciones arqueológicas recientes en San Lorenzo Tenochtitlan, Veracruz: 1990-1992", en *Anales de Antropología* (1992), vol. 22:37-93, IIA-UNAM, 1995.

Díaz del Castillo, Bernal, *Historia verdadera de la conquista de la Nueva España*, Porrúa, México, 1964.

Dixon, Keith A., *Ceramics from Two Precassic Periods at Chiapa de Corzo, Chiapas, Mexico*, Orinda (Papers of the New World Archaeological Foundation, 5), 1959.

Drucker, Philip, La Venta, Tabasco: a Study of Olmec Ceramics and Art, *Bureau of American Ethnology*, Bulletin 153, Washington, 1952.

Drucker, Philip, R. F. Heizer y R. J. Squier, Excavations at La Venta, Tabasco, 1955, *Bureau of American Ethnology*, Bulletin 170, Washington, 1959.

Ekholm, Susanna M., *Mound 30a and the Early Preclassic Ceramic Sequence of Izapa, Chiapas, Mexico, Provo* (Papers of the New World Archaeological Foundation, 25), 1969.

Foster, George M., "The Mixe, Zoque and Popoluca", en *Handbook of Middle American Indians*, vol. 7, pp. 448-477, R. Wauchope (ed.), University of Texas Press, Austin, 1969.

Gage, Thomas, *The English-American: a New Survey of the West Indies*, 1648, A.P. Newton (ed.), 2a. edición, Lund Humphries, London, 1946.

García de León, Antonio, "El ayapaneco: una variante del zoqueano en la Chontalpa tabasqueña", *Anales del Inah*, 7a. época, tomo II (50): 209-224, INAH, México, 1971.

González Lauck, Rebecca, "Proyecto arqueológico La Venta", en *Arqueología*, 4, pp. 121-166, INAH, México, 1988.

Green Dee, F. y Gareth W. Lowe, *Altamira and Padre Piedra, Early Preclassic Sites in Chiapas, Mexico, Provo* (Papers of the New World Archaeological Foundation, 20), 1967.

Heizer, Robert F., Philip Drucker y John A. Graham, Investigations at La Venta, 1967, *Contributions of the University of California Archaeological Research Facility*, 5, pp. 1-34, Berkeley, 1968.

Justeson, John S. y Terence Kaufman, "A decipherment of Epi-Olmec hierogliphic writing", en *Science*, vol. 259, núm. 5102 (marzo 19), pp. 1703-1711, 1993.

Kidder, Alfred V., Jesse D. Jennings y Edwin M. Shook, Excavations at Kaminaljuyu, Guatemala, *Carnegie Instituion of Washington*, Publications, 561, Washington, 1946.

Lee, Thomas A., Jr., *Una exploración del Cañón del Sumidero*, Editorial Venustiano Carranza, Tuxtla Gutiérrez, 1966.

————, *The Artifacts of Chiapa de Corzo*, Provo (Papers of the New World Archaeological Foundation, 26), 1969.

————, "The Middle Grijalva regional chronology and ceramic relations: a preliminary report,", en *Mesoamerican Archaeology: New Approaches*, Norman Hammond (ed.), pp. 1-20, University of Texas Press, Austin, 1974a.

————, *Mound 4 Excavations at San Isidro, Chiapas, Mexico, Provo* (Papers of the New World Archaeological Foundation, 34), 1974b.

————, "The historical routes of Tabasco and northern Chiapas and their relationship to early cultural development in Central Chiapas", *Mesoamerican Communications Routes and Cultural Contacts*, T.A. Lee y C. Navarrete (eds.), pp. 49-73, Provo (Papers of the New World Archaeological Foundation, 40), 1978.

Lee, Thomas A., Jr., "Chiapas and the Olmec", en *Regional Perspectives on the Olmec*, R. J. Sharer y D. C. Grove (eds.), pp. 198-226, School of American Research, Cambridge University Press, Cambridge, 1989.

———, "Evidencia olmeca en el dominio de Chiapa de Corzo", en *Segundo y Tercer Foros de Arqueología de Chiapas*, pp. 228-235, Instituto Chiapaneco de Cultura, Tuxtla Gutiérrez, 1993.

Lesure, Richard, "Salvamento arqueológico en El Varal; una perspectiva sobre la organización sociopolítica olmeca de la costa de Chiapas", en *Segundo y Tercer Foros de Arqueología de Chiapas*, pp. 211-227, Instituto Chiapaneco de Cultura, Tuxtla Gutiérrez, 1993.

Lowe, Gareth W., *Archeological Exploration of the Upper Grijalva River, Chiapas, Mexico,* Orinda (Papers of the New World Archaeological Foundation, 2), 1959.

———, *Mound 5 and Minor Excavations, Chiapa de Corzo, Chiapas, Mexico, Provo* (Papers of the New World Archaeological Foundation, 12), 1962.

———, "The Olmec Horizon Occupation of Mound 20 at San Isidro in Middle Grijalva Region of Chiapas", Tesis de maestría en antropología, Universidad de Las Américas, México, 1969.

———, "The Mixe-Zoque as competing neighbors of the Lowland Maya", en *The Origins of Maya Civilization*, R. E. W. Adams (ed.), pp. 197-248, School of American Research, University of New Mexico Press Albuquerque, 1977.

———, "Eastern Mesoamerica", en *Chronologies in New World Archaeology*, R. E. Taylor and C. W. Maighan (ed.), pp. 331-393. Academic Press, New York, 1978.

———, "Olmec horizons defined in Mound 20, San Isidro, Chiapas", en *The Olmec and their neighbors*, E. P. Benson (ed.), pp. 231-255, Dumbarton Oaks, Washington, D. C., 1981.

———, "Los olmecas, mayas y mixe-zoques", en *Antropología e Historia de los mixe-zoques y mayas; homenaje a Frans Blom*, L. Ochoa y T. A. Lee (eds.), pp. 125-130, Centro de Estudios Mayas, UNAM, México, 1983.

———, "The Heartland Olmec: evolution of material culture", en *Regional Perspectives on the Olmec*, R. J. Sharer y D. C. Grove (ed.), pp. 33-67, School of American Research, Advanced Seminar Series, Cambridge University Press, Cambridge, 1989a.

———, "Algunas aclaraciones sobre la presencia olmeca y maya en el Preclásico de Chiapas", en *El Preclásico o Formativo: avances y perspectivas*, M. Carmona Macías (ed.), pp. 363-384, Museo Nacional de Antropología, INAH, México, 1989b.

———, *Mesoamérica olmeca: diez preguntas*, CIHMECH-UNAM/INAH, México, 1998.

Lowe, Gareth and Pierre Agrinier, *Mound 1, Chiapa de Corzo, Chiapas, Mexico*, Provo (Papers of the New World Archaeological Foundation, 8), 1960.

Lowe, Lynneth S., "El rescate arqueológico de la Presa de Malpaso, Chiapas: excavaciones menores", Tesis de licenciatura en arqueología, Escuela Nacional de Antropología e Historia, INAH, México, 1995.

Martínez Muriel, Alejandro, Informe de las investigaciones de campo realizadas en el salvamento arqueológico de la Presa Chicoasén, Chiapas, *Informe mecanografiado*, Salvamento Arqueológico, INAH, México, 1980.

Martínez Muriel, Alejandro y Carlos Navarrete, "El salvamento arqueológico en el estado de Chiapas", en *Revista Mexicana de Estudios Antropológicos*, vol. XXIV, núm. 3, pp. 229-255, Sociedad Mexicana de Antropología, México, 1978.

Mason, J. Alden, *The Terrace to North of Mound 13, Chiapa de Corzo, Chiapas, Mexico*, Provo (Papers of the New World Archaeological Foundations, 11), 1960.

Matos Moctezuma, Eduardo, "Un juego de pelota doble en San Isidro, Chiapas", en *Boletín del INAH*, 25, pp. 36-37, México, 1966a.

————, Arqueología de rescate en Malpaso, *CFE Sirviendo a México*, vol. 1, núm. 2, pp. 32-37, CFE , México, 1966b.

Navarrete, Carlos, "Excavaciones en la Presa Nezahualcóyotl, Malpaso, Chiapas", en *Boletín del INAH*, 24, pp. 36-40, México, 1966a.

————, *The Chiapanec History and Culture*, Provo (Papers of the New World Archaeological Foundation, 21), 1966b.

————, "El sistema prehispánico de comunicaciones entre Chiapas y Tabasco", en *Anales de Antropología*, vol. X, pp. 33-92, IIA-UNAM, México, 1973.

Navarrete, Carlos y Thomas A. Lee, Jr, *Quechula, un puerto fluvial sobre el Grijalva, Introducción a la arqueología zoque*, IIA-UNAM, México, en prensa, s.f.

Navarrete, Carlos, Thomas A. Lee, Jr. y Carlos Silva Rhoads, *Un catálogo de frontera; esculturas, petroglifos y pinturas de la región media del Grijalva, Chiapas*, Centro de Estudios Mayas, UNAM, México, 1993.

Navarrete, Carlos; Rubén Cabrera; Eduardo Martínez E. y Jorge Acuña N, "El Maritano, un sitio del Preclásico Inferior vuelto a ocupar, Malpaso, Chiapas", (ms.), IIA-UNAM, México, s.f.

Ochoa Salas, Lorenzo, "El medio Usumacinta: un eslabón en los antecedentes olmecas de los mayas", en *Antropología e historia de los mixe-zoques y mayas: homenaje a Frans Blom*, L. Ochoa y T. A. Lee (eds.), pp. 147-174, Centro de Estudios Mayas, UNAM, México, 1983.

Paillés H., Maricruz, *Pampa El Pajón, an Early Estuarine Site, Chiapas, Mexico*, Provo (Papers of the New World Archaeological Foundation, 44), 1980.

Paillés H., Maricruz y Ludwig Beutelspacher, *Cuevas de la región zoque de Ocozocoaʟ tla y el Río La Venta*, Brigham Young University, Provo (Notes of the New World Archaeological Foundation, 6), 1989.

Peterson, Fredrick A., "A White-Black Tradition in Mesoamerican Ceramics", en *Tlalocan*, vol. 4, núm. 3, pp. 259-264, México, 1963a.

————, *Some Ceramics from Mirador, Chiapas, Mexico*, Provo (Papers of the New World Archaeological Foundation, 15), 1963b.

Piña Chán, Román y Carlos Navarrete, *Archaeological Research in the Lower Grijalva River Region, Tabasco and Chiapas*, Provo (Papers of the New World Archaeological Foundation, 22), 1967.

Rands, Robert L., "The Rise of Classic Maya Civilization in the Northwestern Zone: Isolation and Integration", en *The Origins of Maya Civilization*, R. E. W. Adams (ed.), pp. 159-180, University of New Mexico Press, Albuquerque, 1977.

Scholes, France V. y Ralph L. Roys, *The Maya Chontal Indians of Acalan-Tixchel*, Carnegie Institution of Washington Reprint as 2nd. edition, Norman, (Publication, 560), 1968.

Shook, Edwin M. y Alfred V. Kidder, Mound E-III-3, Kaminaljuyu, Guatemala, *Contributions to American Anthropology and History, núm. 53; Carnegie Institution of Washington Publication 596*, Washington, 1952.

Sisson, Edward, "Settlement patterns and land use in the northwestern Chontalpa, Tabasco, Mexico: Progress Report", en *Cerámica de Cultura Maya*, 6, pp. 41-54, Philadelphia, 1970.

Stuart, George E., "New Light on the Olmec", en *National Geographic*, vol. 184, núm. 5, pp. 88-115, Washington, D. C., 1993.

Thomas, Norman D., *The Linguistic, Geographic, and Demographic Position of the Zoque of Southern Mexico*, Provo (Papers of the New World Archaeological Foundation, 36), 1974.

Torres, Tomás, *Relación de la visita a diversos pueblos y conventos de la Provincia de Chiapas, hecha por el fraile visitador Tomás Torres, por mandato del Obispo de la dicha provincia*, (ms.) en la Hemeroteca Fernando Castañón del Instituto de Ciencias y Artes de Chiapas, Tuxtla Gutiérrez, 1659.

Vogt, Evon Z., "Summary and Appraisal", en *Desarrollo Cultural de los Mayas*, Evon Z. Vogt y Alberto Ruz (ed.), Simposio Wenner-Gren, UNAM, México, 1964.

Willey, Gordon R., "The Rise of Classic Maya Civilization; A Pasión Valley Perspective", en *The Origins of Maya Civilization*, R. E. W. Adams (ed.), pp. 133-158, University of New Mexico Press, Albuquerque, 1977.

Los olmecas de San Isidro en Malpaso, Chiapas —con una tirada de 2000 ejemplares— se terminó de imprimir, en junio de 1998, en los talleres gráficos del Instituto Nacional de Antropología e Historia, ubicados en av. Tláhuac 3428, col. Los Reyes Culhuacán, CP 09800, México, D.F.

En la impresión, a cargo de Victorino Barrientos, se utilizó papel bond ahuesado de 36 kg para interiores y couché mate de 210 g para portada.

El hoy Programa de Investigaciones Multidisciplinarias sobre Mesoamérica y el Sureste, agradece el valioso apoyo económico brindado por la Fundación Arqueológica Nuevo Mundo, A.C.

Foto portada: Montículos de San Isidro inundándose por las aguas de la presa Nezahualcóyotl, junio de 1966.

Producción: Coordinación Nacional de Difusión/Dirección de Publicaciones/Cuidado de edición: Adriana Rangel.

Los olmecas de San Isidro en Malpaso, Chiapas —con una tirada de 2000 ejemplares— se terminó de imprimir, en junio de 1998, en los talleres gráficos del Instituto Nacional de Antropología e Historia, ubicados en av. Tláhuac 3428, col. Los Reyes Culhuacán, CP 08800, México, D.F.

En la impresión, a cargo de Victorino Barrientos, se utilizó papel bond ahuesado de 36 kg para interiores y couché mate de 270 g para portada.

El hoy Programa de Investigaciones Multidisciplinarias sobre Mesoamérica y el Sureste, agradece el valioso apoyo económico brindado por la Fundación Arqueológica Nuevo Mundo, A.C.

Foto portada: Montículos de San Isidro inundándose por las aguas de la presa Nezahualcóyotl, junio de 1966.

Producción: Coordinación Nacional de Difusión/Dirección de Publicaciones/Cuidado de edición Adriana Rangel.